Juan Pereira Varela / Juanín

JUANÍN

¡PRESENTE!

COLECCIÓN FÉLIX VARELA # 44

EDICIONES UNIVERSAL, Miami, Florida, 2011

Cecilia la Villa de Fernández Travieso(Ed.)

JUANÍN
¡PRESENTE!

JUAN PEREIRA VARELA
SU VIDA EN TESTIMONIOS

Copyright © 2011 por los autores de los testimonios

Primera edición, 2011

EDICIONES UNIVERSAL
P.O. Box 450353 (Shenandoah Station)
Miami, FL 33245-0353. USA
Tel: (305) 642-3234 Fax: (305) 642-7978
e-mail: ediciones@ediciones.com
http://www.ediciones.com

Library of Congress Catalog Card No.: 2011935010
ISBN-10: 1-59388-226-2
ISBN-13: 978-1-59388-226-6

Diseño de la cubierta: Luis García Fresquet
Idea del diseño de cubierta: Tomás Fernández-Travieso

ÍNDICE

PRÓLOGO, Tomás Fernández-Travieso 9

JUAN PEREIRA VARELA. Datos Biográficos 11

INFORMACIONES SOBRE EL MÁRTIR JUAN PEREIRA
    VARELA (JUANÍN). 13

A JUANÍN, Eduardo Habach 16

JUANÍN PEREIRA EN LA MEMORIA, J. A. Albertini 19

MES DE ABRIL DEL AÑO 1961, Manuel A. Alzugaray 27

UNA EVOCACIÓN PERSONAL DESDE LA DISTANCIA
    Y EL TIEMPO, Nelson Amaro 32

ALMA NOBLE, Luis Fernández Rocha 40

A LOS 50 AÑOS DE SU MUERTE,
    Ernesto Fernández-Travieso, S.J. 41

SU EJEMPLO, Antonio García-Crews 45

COMPAÑEROS EN BALDOR, Carlos García Soler 47

SU MAMÁ ADOPTIVA, Berta Santa Cruz de Kindelán
    «Mamá Bertica» 51

MI AMIGO, Johnny Koch 54

EN EL SUEÑO..., Cecilia la Villa de Fernández-Travieso 59

JUANÍN PEREIRA Y VARELA, P. Amando Llorente, S.J. ... 65

¿QUIÉN FUE PARA MÍ?, Emilio Martínez Venegas 73

SU ANDAR POR EL MUNDO, Ricardo Menéndez 85

MI AMIGO APÓSTOL, Martín Morúa 87

MIS RECUERDOS, Alberto Müller 90

SUS RELACIONES Y MIS RECUERDOS, Roberto Quintairos 97

UN LUCERO DE LA PATRIA, Pedro Roig 100

JUANÍN EN MI MEMORIA, Juan Manuel Salvat 104

MURIÓ POR LA VERDAD CONTRA EL PODER
    IMPUESTO, Antonio Sowers 110

SU ENTREGA A LOS DEMÁS, Fr. Salvador Subirá 112

HÉROE Y MÁRTIR POR DIOS Y POR CUBA,
    Agustín Villegas 115

SOBRE SUS AMIGOS 122

PRÓLOGO

Tomás Fernández-Travieso

Se cumplen 50 años de la muerte de Juan Pereira Varela. Sus amigos y compañeros del Colegio Baldor, la Agrupación Católica Universitaria y el Directorio Revolucionario Estudiantil ofrecen sus testimonios del andar de él por este mundo. En todos ellos flota una nube indefinible que lo envuelve. En todos ellos se palpa el dolor del recuerdo. A todos les ha sido difícil penetrar en la memoria, en muchas ocasiones escondida, por darle un merecido homenaje.

Para todos es, simplemente, Juanín, alegre, niño grande, sencillo, lleno de vida, sonora carcajada. Comprometido y responsable. Impactó la vida de todos de una manera sutil y profunda.

Los seres humanos tenemos la tendencia a idealizar a nuestros seres queridos que se han ido. Juanín no será una excepción. Sin embargo, a través de estos testimonios podemos descubrir a un joven normal, de familia, deportista, estudiante, que va descubriendo la vida. Estudiaba Arquitectura lo que refleja su mente creativa. Duda, como todo joven, sobre el camino a seguir, sobre su futuro. En su caso se debatía entre el sacerdocio y el matrimonio pero «no tuviste tiempo ni para tomar decisiones»[1].

En lo que sí no tuvo dudas, y es lo único seguro que tenemos hoy, fue en la entrega a los demás, cualidad muy inusual en nuestro mundo actual. A través de las distintas lecturas, aparece un joven que analiza situaciones para actuar en consecuencia y dar lo mejor de sí. A un joven que pasa por encima de su naturaleza tranquila y pacífica para entregarse a una causa por valores, valores puros sin asomo de ambición. Con sus escasos 20 años, al momento de morir, había cumplido su misión a cabalidad dando un ejemplo a jóvenes y viejos, hombres

---

[1] Juan Manuel Salvat: «Juanín en mi memoria».

y mujeres. Brillaba por sencillez y humildad, no por arrogancia, vanidad o egoísmo. Para Juanín cada persona fue importante como testifica cada uno con sus anécdotas privadas. El mayor valor que nos legó. Pasó por la vida haciendo el bien. Ojalá tuviéramos muchos Juanín en nuestro mundo.

Sin embargo, y a pesar de lo anterior, aún después de 50 años cuesta trabajo definirlo, asirlo, no es posible. En los testimonios abundan fechas y datos que se ajustan a nuestro sentido del tiempo. Todos intentan enmarcarlo, encasillarlo, intentando presentar una visión completa. No se logra. Él se nos escapa porque fue más, es más.

Juanin encarnó el espíritu que todos teníamos, amigo, hermano, confidente durante un proceso político-social que desbordó nuestras posibilidades. No estábamos preparados, nunca se está. Juanín se entregó completo. Y él, en su andar por nuestras vidas, nos trataba de enseñar. Lo intuímos sin darnos cuenta. Lo llevamos en el subconsciente. 50 años de su muerte y se revuelven los recuerdos, las anécdotas, los ejemplos para cobrar vida nueva desde nuestro cansado caminar. Se nos hace presente una vez más.

Seguimos sintiéndolo porque no lo podemos razonar, no lo podemos abarcar. Sigue siendo tan parte nuestra como nuestra historia, nuestra lucha y frustraciones, nuestros ideales, nuestro ser. Sigue imperceptible junto a nosotros, sonriendo.

Él quiere ser libre, ya lo es, estar en todos, seguir andando, como lo hizo hace medio siglo, improvisando cada paso que da, armado de una conciencia limpia y un corazón lleno de ideales.

Hoy queremos compartirlo. Nos lo está pidiendo. Lo hemos guardado inconscientemente entre las cicatrices de nuestra alma quizás por temor a perderlo y a perdernos.

Juanín ya no nos pertenece solamente a nosotros. Tenemos que entregarlo. Él es de Cuba.

JUAN PEREIRA VARELA
Datos Biográficos

Nació en La Habana, Cuba, el 31 de enero de 1941. Hijo único de Aurelia Varela y Moreno y Juan Pereira y Pereira, naturales de Galicia, España.

Cursó la segunda enseñanza en el Colegio Baldor donde se destacó por sus estudios y deportes. Obtuvo el premio de Religión «Salvador Rodríguez Cecilio», desarrollando el tema «El Evangelio y los ideales de la juventud». Se gradúa de Bachiller en 1958.

Durante sus años de colegio, se destaca en natación, categoría espalda menores de 18 años, y uno de los que le dio mayor puntuación a su escuela. Pereira rompe el record de los 50 metros de espalda que estaba en poder de Ignacio Carrera Jústiz desde el año 1954.

Se incorpora a la Agrupación Católica Universitaria, organización de jóvenes católicos, y el 8 de diciembre de 1959 se hace Congregante. En 1960, ingresa en la Universidad de La Habana y matricula Arquitectura, convirtiéndose en poco tiempo en Delegado del curso por sus compañeros de carrera.

Desde los comienzos se incorpora al Directorio Revolucionario Estudiantil (D.R.E.), organización estudiantil que se enfrenta al régimen de Castro. Participa en la demostración de repudio en el Parque Central ante la ofrenda floral depositada por Anastas Mikoyán. Colabora en las secciones de Seguridad y Propaganda del DRE hasta que pasa a ser el Secretario General, a nivel nacional, después de la fracasada invasión de Playa Girón.

El 16 de diciembre se traslada a la Playa Nombre de Dios en Pinar del Río para una operación clandestina en la cual salían compañeros infiltrados y entrarían Juan Manuel Salvat y Julio Hernández-Rojo. En la madrugada del 17 de diciembre, los rodea la milicia. Juanín, tratando de proteger y salvar a sus companeros, cae abatido por las balas después de un intercambio de disparos con la milicia.

Su cadáver está enterrado en el Cementerio de Colón, La Habana, Cuba, donde descansa junto a sus padres.

INFORMACIONES SOBRE EL MÁRTIR JUAN PEREIRA VARELA (JUANÍN)[1]

Los padres de Juanín fueron: Juan Pereira Pereira (cáncer-fallecido 1993) y Aurelia Varela Moreno (cáncer-fallecida 1995)
    Los embarazos de la madre eran difíciles y se perdían, pero el fuerte deseo de lograr un hijo hizo que la gestación del que sería un único hijo exigió grandes sacrificios y reposo absoluto de su madre.

La familia vivía en el reparto Buenavista, en la calle 21 #8017 entre 80 y 82. La familia de Fr. Pernas es quien vive actualmente en esa casa.

Los padres de Juanín asistían a la Iglesia de la Santa Cruz de Jerusalén, donde la abuela de Fr. Pernas y el padre de Juanín ayudaban en los servicios religiosos, y de ahí surgió la oportunidad del padrinazgo.

El padre contaba que frente a su casa había un terreno vacío donde los muchachos del barrio jugaban a la pelota. Y hubo un tiempo en que Juanín, que formaba parte del grupo, estaba muy preocupado porque siempre se ponchaba y no lograba batear la pelota, hasta que se descubrió que tenía miopía y necesitaba espejuelos y entonces todo se resolvió.

Juanín hizo su enseñanza en el Colegio Baldor donde fue un buen estudiante. Participó en eventos deportivos en representación de su colegio durante varios años y fue muy destacado en los eventos de natación, especialmente en el estilo de espalda, y lo que le valió ganar muchos trofeos que podían verse en su casa. El padre contaba con orgullo que en una competencia de relevo donde se sucederían los cuatro estilos (espalda, mariposa, pecho y libre) y que inició Juanín de espalda, éste obtuvo una ventaja de media piscina, que hizo posible

---

[1] Estos datos fueron obtenidos por Fr. Salvador Subirá de un pariente de los padres de Juanín, muy cercano a ellos hasta que fallecieran.

que su equipo ganara a pesar de que los desempeños en los otros estilos no fueron buenos.

Al finalizar la segunda enseñanza paso a la Universidad de La Habana donde se matriculó en la facultad de Arquitectura y comenzó a asistir a la Agrupación Católica Universitaria (ACU). La madre contaba que Juanín visitaba frecuentemente el barrio indigente del Fanguito[1] junto al río Almendares, en funciones de apostolado para alfabetizar a algunos moradores de ese barrio.

Con la definición del gobierno revolucionario como comunista, Juanín se incorporó al Directorio Revolucionario para la lucha democrática. En los últimos tiempos usaba un auto SIMCA azul. Cuando fue a la operación en que resultó ametrallado y muerto, su padre estaba creído de que lo que iba a hacer era llevar a unos amigos suyos para que salieran del país. La operación tuvo lugar en la costa de la provincia de Pinar del Río.

Ante su no regreso y desaparición los padres se dieron a indagar con las autoridades comunistas. La respuesta que le dieron a la madre era que se encontraba preso, pero la realidad es que ya estaba enterrado en un lugar no conocido. Después se negaban a entregarle el cadáver, pero al cabo de un mes y con la ayuda de un religioso, les entregaron el cuerpo que fue trasladado y enterrado en el Cementerio de Colón.

Sus restos están junto con los de sus dos padres en un panteón clausurado cuya propiedad aparece a nombre de Luis Pernas, y que está localizado cerca de la calle principal hacia el Este y en el cuadrante NE del cementerio.

Como detalle adicional Pernas, que estuvo junto al padre de Juanín en sus últimos momentos, testimonia que el enfermo le pedía a Dios que también perdonara al que mató a Juanín.

---

[1] El apostolado en el Fanguito pudo ser en alguna de las escuelas nocturnas de la ACU.

Tumba de Juanín en La Habana.
Hay una inscripción que no puede leerse en esta reproducción.

A JUANÍN

Eduardo Habach[1]

Ya no me importa
el gesto triste
de tu rostro joven.

Ya no me importa
el ceño fruncido
de tu amplia frente...
ni el mirar profundo
escrutador y noble
de tus ojos serios.

Ya no me importa
Tu altivez de reto,
Ni tu ternura nueva,
Ni tu valor profundo.

Ya no sé cómo piensas,
ya no puedo entenderte,
ni mirar preocupado
lo que ninguno advierte,
en las sombras oscuras
de tu arrugada frente.

Ya no me miras nunca
con angustia impaciente
desde el puesto de clase,
allí, donde aquel día
te me hiciste presente...

Ya no salgo a buscarte,
ya no habrá más sorpresa,
ni más gestos amables,
ni asombro permanente.

Ya no luchas por ser.
Ha cambiado tu suerte.
Ya el lucero escondido
de resplandor de cielo
que luchaba en tu pecho
por escaparse lejos,
a la esfera celeste
y brillar, junto a otros
que dan luz en la noche
de los que aquí se pierden.

Y el sufrimiento hondo,
ya casi permanente,
de tu piadosa alma,
de tu hombría valiente,
y el austero existir
y la alegría sana
de tu vida inocente.

---

[1] Eduardo Habach de la ACU fue maestro de religión de Juanín en el Colegio Baldor. Murió exiliado en Maracaibo, Venezuela.

Y tu afán de servicio
y el trabajo incansable,
de tu indomable anhelo
del imperio del bien
y del bien de las gentes.

Ya no son cualidades,
Ni virtudes nacientes.
Ahora son los laureles
Que coronan tu frente.

Las garras sanguinarias
del verdugo indecente
te arrancaron la vida,
con un gesto impotente
de rabia y cobardía…
de venganza furiosa,
de maldad inclemente.

Ya no te puedo ver,
Te ha llevado la muerte
Pero veo en el cielo
El lucero naciente
Que latía en tu pecho,
Que brillaba en tu frente,
Que señala tu vida
De santo y de valiente…

En tu tumba, la cruz;
Tu recuerdo en el alma;
Y allá arriba, la estrella;
Acá abajo las palmas,
Tu rezando por Cuba…
Por ti llora la patria.

Tu Maestro
(Eduardo Habach)

Periódico «Trinchera»,
Maracaibo, Febrero 1962.

Un recuerdo muy especial, medalla ganada por Juanín en Baldor, como premio a sus estudios.

JUANÍN PEREIRA EN LA MEMORIA

J. A. Albertini

«Quien vive para todos, continúa viviendo en todos».

José Martí

Conocí a Juan Ramón Pereira Varela poco tiempo después del descalabro de Bahía de Cochinos de abril de 1961. El Directorio Revolucionario Estudiantil (D.R.E.) se reestructuraba dentro de Cuba para enfrentar los nuevos retos que el régimen comunista de Fidel Castro le imponía a la oposición democrática y clandestina de la Isla.

Por entonces el D.R.E. había sufrido en la provincia de Oriente, en medio de un alzamiento armado, la detención, en compañía de otros luchadores, de Alberto Müller, secretario general del movimiento. Juan Manuel Salvat, secretario nacional de propaganda, perseguido de cerca por los cuerpos represivos, en busca de recursos para proseguir la lucha, clandestinamente había partido para los Estados Unidos. A esto debemos sumarle los fusilamientos de Virgilio Campanería y Alberto Tapia Ruano. Sin olvidar a los que en esa causa, como Tomás Fernández Travieso, fueron sentenciados a purgar largas condenas carcelarias.

En Las Villas, provincia de la cual desde octubre de 1960 formé parte del núcleo fundador del movimiento, no habíamos corrido con mejor suerte. José González Silva (Puchy) primer coordinador en la región central, por su comprometimiento en el alzamiento de Oriente, se encontraba clandestino en la ciudad de La Habana y se alistaba para integrar la dirección nacional del movimiento.

Otros coordinadores provinciales generales que precedieron a Puchy como el saguero Rafael Marqués Tabares, también había sido detenido y quienes lo sustituyeron, primero César Menéndez, vía marítima y clandestina, abandonó Cuba y su sucesor Felipe Pérez, al poco tiempo de ocupar la posición, se refugió en la embajada de México en la ciudad de la Habana.

Bajo esas circunstancias Rafael Mariscal Sotés (ya fallecido) que se venía desempeñando como el coordinador regional de Sagua la Grande (las regiones eran Santa Clara, Sagua y Cienfuegos) interinamente ocupó la coordinación de la provincia y fue citado a una reunión nacional, con la sugerencia que llevase a dos persona para que integrasen el núcleo central de la nueva directiva provincial.

Rafael escogió a Manuel Sánchez Veitía (el mulato Manolo, ya fallecido) quien era un cercano colaborador suyo y a mi, que en aquellos momentos me desempeñaba como el coordinador de la región de Santa Clara.

La reunión se efectuó una tarde en una casa del barrio Vedado (no recuerdo la dirección). En ella estaban presentes, los miembros de la dirección nacional Julio Hernández Rojo, Laureano Pequeño, José González Silva (ya fallecidos los dos primeros) y una persona más a la cual, nosotros, los invitados, no conocíamos.

Julito, sin efectuar presentaciones, inició la conversación realizando un informe verbal en el cual nos puso al día sobre la situación del momento y los cambios que la organización necesitaba hacer para perfeccionar y ampliar el funcionamiento operativo frente al régimen.

Luego se volvió hacia el desconocido y lo presentó como Miguel Ángel (nombre de guerra) quien era el nuevo coordinador nacional. El llamado Miguel Ángel tomó la palabra y nos explico que el D.R.E., debido a los requerimientos, dejaba de ser una organización solamente estudiantil para dar entrada en sus filas a obreros, campesinos, profesionales, amas de casa, etc: *«Todo aquel que quiera luchar por la libertad de Cuba tiene cabida y será bien venido en nuestro movimiento»*, dijo.

A Rafael Mariscal lo nombró coordinador provincial general de Las Villas y Rafael, con la aprobación de los presente, a su vez designó a Manuel Sánchez Veitía jefe provincial de suministros y a mi coordinador provincial estudiantil y su segundo.

Antes de despedirnos nos dio a entender que pronto Julio Hernández Rojo partiría al exterior, para regresar en compañía de Juan Manuel Salvat y otros dirigentes, con recursos humanos y materiales que nos permitirían continuar la lucha. También dejó claro que todos los cargos y nombramientos, empezando por el de él, eran de carácter provisional y que al radicarse en suelo Cubano la dirigencia total del D.R.E., se efectuaría una reestructuración final.

A partir de aquella reunión y hasta poco tiempo antes de su trágica muerte participé en encuentros frecuentes con Miguel Ángel, casi siempre en mi casa, en la ciudad de Santa Clara, donde se reunía con los integrantes de la dirección provincial, para fijar estrategias.

Durante el tiempo que estuvo al frente del D.R.E., desarrolló una importante labor organizativa, viajando constantemente a las provincias, pues le interesaba estructurar un movimiento clandestino sólido y fuerte. Especial énfasis puso en crear a todo lo largo y ancho del país una red confiable de casas de seguridad, siempre en espera de las actividades que se realizarían cuando Juan Manuel Salvat y demás dirigentes regresaran a Cuba.

A mi memoria, Juanín Pereira, viene como un joven de tez blanca, abundante pelo castaño y ojos del mismo color. Presencia agradable y robusta de unos 20 ó 22 años de edad que medía alrededor de 5 pies y entre 8 ó 9 pulgadas de estatura. Sonreía con facilidad y era de mirada recta. A veces lo vi con espejuelos de cristales graduados. También, lo rememoro, en ocasiones, vestido con pantalones deportivos de color beige claro y camisas blancas de mangas largas que llevaba cuidadosamente dobladas sobre los brazos. El calzado era de horma ancha y moderna.

Una anécdota que recuerdo frecuentemente fue el día en que otro miembro de la dirección nacional del movimiento con el cual él mantenía amistad desde años atrás, (situación que supe después) en medio de una delicada reunión a la cual asistí en compañía de Rafael Mariscal, cometió, impensadamente, la indiscreción de llamarle Juanín. Rafael y yo intercambiamos una mirada interrogante. Quien incurrió en el error se sonrojó. Sobrevino un silencio tenso que Juanín rompió: «*¡Así es imposible conspirar con seriedad!*», dijo conteniendo la ira. *«Para todos sigo siendo Miguel Ángel, no más indisciplinas»*, precisó en tono duro.

Otro momento que nunca olvido fue un domingo soleado, alrededor de las nueve de la mañana, en que proveniente de Camaguey llegó a mi casa en Santa Clara, en compañía de una de las hermanas la Villa. No recuerdo si era Raquel (ya fallecida) o Cecilia. Apenas descendió del automóvil (oldsmovile modelo 1956, color blanco y rojo mamey) y luego de los saludos de rigor preguntó si cerca quedaba una iglesia católica. Mi hermana Nancy y yo nos miramos extrañados y le recordé que en pocos minutos llegarían otras personas de la dirección provincial con las cuales él había pedido reunirse. Respondió que si había un templo cercano él no demoraría mucho, pero que como era domingo quería ir a misa y orar. Entonces mi hermana le dijo que a pocas cuadras de distancia estaba la iglesia La Pastora y se ofreció a acompañarles.

Mas tarde Nancy me contó que durante todo el oficio religioso se mantuvo arrodillado, las manos unidas, la mirada baja y orando por lo bajo. Ese día supe que Juan Ramón Pereira era un católico practicante.

Adentrado el otoño del propio año 1961, las autoridades represivas del castrismo (G-2), secundados por el ejército y la milicia desataron en Las Villas una feroz campaña de infiltración, persecución y exterminio contra las heroicas guerrillas alzadas en armas en el macizo montañoso del Escambray, y las organizaciones clandestinas, que desde las ciudades y pueblos villaclareños los apoyábamos y con nuestras acciones obstaculizábamos los planes totalitarios del régimen.

Era de todos conocidos que en ciudades importantes como Sagua la Grande, Santa Clara y Cienfuegos, oficiales interrogadores del G-2, públicamente presumían de sus actividades represivas, de los vejámenes y torturas a las que sometían a los prisioneros y hasta hacían alarde de los tiros de gracia que le propinaban a los fusilados. Esos esbirros prácticamente se desplazaban sin escolta y en determinadas noches a algunos de ellos, desde la calle, a través de las ventanas abiertas de sus casas se les podía ver tranquilamente, rodeados de sus familias, contemplando la televisión.

Ante esa situación Rafael Mariscal solicitó un encuentro con Juanín y me pidió que de efectuarse la reunión le acompañase. Por entonces, Julio Hernández Rojo ya se encontraba en los Estados Unidos A los pocos días Juanín respondió afirmativamente y siguiendo las instrucciones impartidas, por medio de una llamada telefónica en clave, partimos para La Habana y nos hospedamos en el Hotel Inglaterra. El mismo día de nuestra llegada en horas tempranas de la noche, Juanín, conduciendo un auto chevrolet 1955 color azul pálido y acompañado por Raquel la Villa nos recogió en uno de los extremos del Parque Central.

Nos acomodamos en el asiento trasero y el automóvil partió a velocidad moderada. Luego de los saludos de rigor Rafael Mariscal le expuso la situación difícil que estábamos confrontando en Las Villas y enfatizó que el no tomar acción contra los asesinos del régimen estaba causando desmoralización y zozobra entre los dirigentes y miembros del movimiento.

«*¿Qué proponen ustedes?*», Juanín preguntó, concentrado en el volante. Sobrevino un silencio breve que aproveché para mirar el muro del malecón y las luces nocturnas del alumbrado público que raudas pasaban a nuestro lado. Raquel callaba y miraba al frente. Rafael respiró hondo y respondió: «*Sabemos que la dirección nacional dispone de algunas armas y explosivos. Necesitamos responder a la violencia con violencia*». Juanín no profirió palabra. El automóvil salió del túnel y enfiló la Vía Monumental. El invierno estaba próximo pero el aire que entraba por las ventanillas abiertas era cálido: «*¿Y tú qué piensas?*, se dirigió a mí. «*Pienso como él*», respondí.

Entonces, con las dos manos abiertas golpeó el volante y medio serio y medio en broma nos llamó locos e irresponsables. Como un maestro que repite una lección mal aprendida por los alumnos nos dijo que nuestra misión actual era mantenernos organizados y esperar que Salvat y Julito regresasen a Cuba con instrucciones y nuevos planes de lucha. Casi al unísono Rafael y yo le respondimos que en Las Villas teníamos una realidad que no podía esperar.

El tiempo pasaba y cada cual exponía sus argumentos y razonamientos. Habíamos regresado a las calles de La Habana y Raquel la

Villa seguía silenciosa. Creo que en el semáforo de 23 y L una luz roja hizo que Juanín frenara y fue la única ocasión en que Raquel habló, en todo el encuentro, para advertir: *«Hablen bajito que hay gente cruzando la calle y pueden oír»*.

Al fin, sin ponernos de acuerdo ya de regreso, cerca del hotel Inglaterra, Juanín nos dijo con voz serena y convincente: *«Jamás accederé al pedido de ustedes. No apruebo esos métodos de lucha. Mis convicciones cristianas y católicas no lo permiten»*.

Las voces cesaron y el resto del trayecto transcurrió preñado de un silencio incómodo. Rafael y yo descendimos del automóvil frente a los portales del hotel. La despedida fue fría y formal. Raquel fue la única que sonrió. Era cerca de la medianoche.

Aunque en desacuerdo con lo planteado por Juanín, en Las Villas, proseguí con las actividades señaladas por la dirección nacional del movimiento. Personalmente no volví a coincidir con él, hasta que una mañana del mes de diciembre de 1961, recién llegado de un viaje a la capital, Manuel Sánchez Veitía visita mi hogar y me informa que Juanín había muerto en una operación de recepción de personas y material bélico. Me dijo que en una playa de la provincia de Pinar del Río, fueron sorprendidos en plena actividad por militares del régimen y Juanín fue la única persona que resultó ultimada.

Pero bueno, referente a los hechos que rodearon su muerte en este libro están los testimonios de aquellos que lo conocieron íntimamente y algunos de los que lo acompañaron aquel aciago 17 de diciembre de 1961, en horas de la noche. Por cierto, para nosotros los cubanos, día de San Lázaro.

Realmente mi trato personal con Juanín no llegó al año. Sin embargo, aquellos meses del turbulento año 1961 fueron tan intensos, llenos de ideales y riesgos diarios que en mi memoria equivalen a toda una vida. Y dentro de esa corta, palpitante y presente existencia, el recuerdo de Juan Ramón Pereira Varela es una presencia constante, porque se podía coincidir o discrepar de las opiniones, creencias y actuaciones de Juanín, pero lo que sí era y sigue siendo imposible es dudar de su amor a la vida, valentía, honradez de propósitos y fe cristiana.

Y para concluir estos apretados recuerdos una nota personal. Al poco tiempo del asesinato de Juanín nació el menor de mis primos hermanos. Mi hermana Nancy y yo fuimos nombrados los padrinos. De mutuo acuerdo decidimos bautizarlo con el nombre de Miguel Ángel; seudónimo de Juanín.

José Antonio Echeverría, con tus ideas en marcha

MES DE ABRIL DEL AÑO 1961[1]

Manuel A. Alzugaray

... Después de Girón...

Finalmente tomé otro cuarto, en una casa de huéspedes, en el Vedado y mi familia me trajo otra maleta con ropa, pues más nunca fui al apartamento de San Lázaro. Ya yo había sido expulsado de la escuela de medicina, en marzo de1961. Claro está, que para los efectos de la casa de huéspedes donde vivía, yo era estudiante activo y todas las mañanas salía con mi bata blanca de médico y un libro bajo el brazo. Ese libro tenía un hueco en el centro donde guardaba una pistola calibre 25.

En reunión con «Leonardo»[2] a principios de mayo, me informa que se está reestructurando un Ejecutivo Nacional. Yo le informo, que mi grupo en la capital estaba intacto y que trataríamos de recuperar el mayor «material de trabajo» posible. También discutimos que los Ejecutivos provinciales estaban desorganizados, así que le propuse tratar yo de ver que podía hacer en Las Villas, ya que tenía conocimiento de muchos grupos a partir de nuestro pueblo, Placetas. Recibí luz verde, así fue que le pedí a «Enriquito»[2] fuera a Placetas, su pueblo natal, a calibrar la situación.

Cinco días más tarde, «Enriquito»[3] regresó de Placetas y me informó que había buenas posibilidades para reorganizar bajo el DRE y grandes posibilidades para la lucha. Yo llamo a «Leonardo» y me

---

[1] Este testimonio es parte de un trabajo mucho más extenso y detallado que confiamos poder publicar en una futura historia del Directorio Revolucionario Estudiantil (DRE).

[2] Leonardo era el nombre en el clandestinaje que usaba Ángel Vega, quien dirigía algunos Grupos de Acción del DRE.

[3] Nombre de Enrique Enríquez.

reúno con él. Le informo de Placetas y el potencial de Las Villas y él me contesta positivo y, además, que el nuevo coordinador nacional del DRE, había sido nombrado y que sería «Miguel Ángel» (Juanín Pereira). «Leonardo» estaba preparando sus papeles para salir de Cuba con su familia, pues ya estaba muy «quemado». Él planteó en la reunión, que quedara yo a cargo de «acción», pero escogieron a Lázaro Fariñas.

Así las cosas, se presenta una reunión, en la casa de huéspedes de la calle H, en el Vedado, a donde soy citado. En esa reunión conozco a «Miguel Ángel» y otros nuevos miembros del Ejecutivo Nacional. Se habla de la reorganización de Las Villas y de la integración de los distintos focos de alzados, en una revuelta general. A «Miguel Ángel» le gusta la idea y me da luz verde para proseguir y que lo mantuviera al tanto directamente.

En esta oportunidad, le pido a «Enriquito» que avise a Placetas que voy en visita clandestina y que preparen entrevistas con los elementos necesarios. Así fue que entré en Placetas y sostuve reuniones, en casa de Pedro Ángel Pérez Miguel («Bebe»), con varios líderes locales. Coordinamos la jefatura del DRE, dejando a la cabeza al Dr. Pedro Urrutia (abogado) y a Miguel Ángel Tatte («Mikey»). Me entrevisté con los grupos de Fomento y Baez, con grupos de Cabaiguán y Sancti Spiritus, los cuales tenían acceso al Comandante Osvaldo Ramírez, el jefe de los alzados en la zona Meneses-Yaguajay, quien se trasladó a Placetas para una reunión.

Se discutió el transporte por carretera, para mover desde La Habana, material de todo tipo, incluso propaganda. Esta coordinación, se llevó a efecto en tres días, al cuarto regresé a la Capital y le informé a «Miguel Ángel». También le entregué un informe escrito de todas las comunicaciones y conexiones de Las Villas, en cuanto a electricidad, teléfonos, telégrafo, ferrocarriles y puentes, plantas eléctricas, caminos y carreteras, depósitos de combustibles, en pueblos y centrales azucareros, etc. En fin, toda la infraestructura de la provincia había sido copiada por personas que trabajaban en las fuerzas armadas revolucionarias,

Como a los dos o tres días, recibo una llamada de «Miguel Ángel» para una reunión. En esa reunión me plantean que me moviera a Las

Villas a reorganizar toda la provincia y poner en marcha la «operación». Yo acepto.

Antes de esto, «Miguel Ángel» me propone que fuéramos tres, los que marcháramos a Las Villas, y me presentaron a José González («Puchi»). Éste era de Camajuaní y había estado involucrado con el DRE en Santa Clara. Durante el desembarco en Girón, «Puchi» fue a la Sierra Maestra con un grupo que se uniría a los alzados bajo la dirección de Alberto Müller, pero logró escapar el cerco y fue para La Habana.

El tercer miembro del comando fue Laureano Pequeño, miembro de los grupos de acción en la capital. Nos reunimos, hablamos, planeamos la entrada en Las Villas, como para finales de agosto o principios de septiembre. «Miguel Ángel», hombre joven y dinámico, con grandes dotes de líder, hombre de tomar decisiones sobre la marcha, preciso e inteligente, sabía escoger.

Yo había decidido que mi grupo de acción en la capital quedara como tal organizado bajo el mando de «Enriquito». Este grupo había crecido a un total de ochenta miembros, en grupos de cuatro miembros y un sub jefe. Muchos de este personal trabajaban en garajes y arreglaban los carros del DRE.

Salimos hacia Santa Clara. La misión era reorganizar la provincia de Las Villas y preparar las condiciones para la rebelión de la provincia. Además del comando inicial, nos acompañaba una muchacha que era de Santa Clara y que estaba comprometida con la causa, Mirta Hidalgo Gato.

Llegamos al oscurecer y fuimos a casa de los padres de Mirta, donde comimos y pasamos a dormir en distintos lugares provisionales. A las 9 am, me recogen Puchi y Pequeño y vamos a visitar a miembros de DRE conocidos por Puchi. Nos reunimos con José A. Albertini, quien se vuelca totalmente a la reorganización y posteriormente con Raquel Pita, que era la tesorera provincial, quien se reincorpora a la operación.

Al día siguiente vamos a Placetas, después a Camajuaní y Sagua, quedando Cienfuegos para un próximo viaje. Dejamos las casas de seguridad escogidas y regresamos a la capital a reportar. Puchi y yo nos quedamos en la casa de huéspedes de la calle H en el Vedado y Pequeño se va a su casa.

Reportamos a «Miguel Ángel», y empezamos a planificar la «operación». Hacía falta material de trabajo. «Miguel Ángel» (Juanín) nos informó que se estaba esperando un cargamento grande que sería asignado a Las Villas, para la «operación». Regresamos Puchi y yo para quedarnos en Las Villas; Pequeño tiene enfermo a su padre y tiene que quedarse en La Habana. Nos quedamos definitivamente en una casa de huéspedes, como estudiantes de la universidad.

Todos los días nos movíamos para visitar y reincorporar personal, buscar almacenes para el material y preparar la entrada por la zona de Sagua, donde estaba el excelente coordinador regional, Fernandito Arcos. Viajamos a la capital a informar a «Miguel Ángel» de los progresos sobre la zona de entrada del material que estaba controlada con personal de pescadores y era considerada como «punto seguro». Juanín, había consultado varias veces y nos reunió de nuevo e informó, que los «contactos» nos habían negado nuestro punto de recibimiento y le recomendaban un punto en Pinar del Río. Aceptamos.

Puchi y yo regresamos a Las Villas. Había que resolver el problema del transporte del material desde Pinar del Río a Las Villas y se coordinó con los que transportaban ganado por rastras a la capital (todavía en aquella época se hacía). Esas rastras regresaban vacías pero llenas de excremento de vacas, y salpicando, por lo que nunca las registraban en los puntos de registro en la Carretera Central. Durante esta estadía nos reunimos con los alzados de Meneses-Jaguajay y los de Corralillo donde operaba Torndike.

Volvimos a La Habana a reportarle a «Miguel Ángel» cómo se haría el transporte a Las Villas. De este modo, facilitábamos a los «contactos» de Juanín, todos los inconvenientes que nos creaban. Juanín da luz verde definitiva y regresamos «Enriquito» y yo para medir dos puentes que eran objetivos: el de la loma del viento, ferrocarril central, antes de llegar a Cumbre, al sur de Placetas y el de la línea norte del ferrocarril, antes de llegar a Tahón, al norte de Placetas. Además, teníamos que buscar nuevos lugares de almacenes para el material, avisar a todas las coordinaciones regionales de la provincia, etc.

Mes de diciembre, día 18, Puchi está en la capital, para coordinar el transporte, yo me encuentro en Santa Clara, acabo de llegar de Manicaragua, uno de los lugares de seguridad. Tengo en la casa de huéspedes una llamada de Puchi, «que parta de inmediato a la Capital». Salgo como a las 10 pm. Llego a la casa de huéspedes de la calle H en el Vedado y Puchi me dice que a «Juanín lo mataron cuando fue a recibir el material». Eran las 4 am, no lo quería creer, me recuesto y me quedé dormido. Al día siguiente, le pedí me dijera la verdad, y me ratifica la muerte de Juanín.

Preguntas de ¿qué pasó?, ¿cómo fue?, ¿cuándo? Muchas incógnitas. Se habló que uno solo del comando operativo del DRE había sobrevivido, Ángel Hernández Rojo, que había sido veterano de la guerra de Corea. Posteriormente, regresamos a Santa Clara con las malas nuevas. Lo pusimos lo más positivo posible. La gente respondió bien, seguiremos con la estrategia de rebelar la provincia y la bautizaremos «operación Miguel Ángel», así me dijeron en Placetas.

Regresamos Puchi y yo a la Capital y había confusión. Nosotros comunicamos que todo seguía igual en la provincia y con los planes a seguir. Planteamos allí, salir por nuestro punto en Las Villas y dejar todo preparado para regresar con el material, una vez contactado el DRE en Miami.

El 26 de enero, salí yo por el punto en el norte de Las Villas con Fernando Arcos y otro ejecutivo regional, Adolfo Barro. Llegamos a Miami el 28 de enero de 1962 después de haber sido recogidos por un guarda costa americano en el cayo convenido.

Llegamos a Miami e informamos de todo y entregamos un «punto seguro» a los responsables del DRE en el exterior.

UNA EVOCACIÓN PERSONAL DESDE LA DISTANCIA Y EL TIEMPO

Nelson Amaro

El correo electrónico, maravilla de la comunicación moderna, me había traido la noticia del homenaje que se quería rendir a Juanín, a través de mi amigo de siempre Juan Manuel Salvat. Sin embargo, no había reparado en la llegada de esta comunicación a mi computadora. Muchas actividades entretenían mi atención durante esos días. Estaba en la ejecución de un proyecto que procura una urgente reforma universitaria de la forma en que se califica a los profesionales enganchados en la expansión de los productos de energía renovable, como alternativa a los combustibles fósiles, principalmente el petróleo. Me tocó entonces, como Director del mismo, servir de anfitrión a delegaciones de instituciones aliadas que llegaban desde Alemania, Bolivia, Brasil, Chile y Latvia. Se trataba de una actividad financiada por la Unión Europea.

Al revisar el correo, pletórico de mensajes, me entero de la evocación más que obligada y merecida a Juanín y al mismo tiempo, me vienen recuerdos imperecederos de cuando nuestras vidas se cruzaron muchas veces fugazmente pero siempre de manera significativa. Reviso viejos documentos y encuentro las resoluciones de la Comisión Interamericana de Derechos Humanos donde se lee en referencia al caso 1834:

«Juan Pereira Varela (Juanín): Estudiante. 21 años de edad. Detenido en la Habana. Abatido sin juicio en Pinar del Río el 17 de diciembre de 1961.» [4]

La Comisión otorga veracidad a los hechos imputados ante la negativa del gobierno cubano de permitir visitas de observación y recabo de datos y no responder a esas acusaciones y otras remitidas al mismo por la Comisión de manera sistemática. La fecha de esta mención hecha al gobierno cubano datan de junio 1 de 1975, hace alrededor de 36 años y sobre lo cual se guarda el más absoluto silencio hasta el día de hoy. En estas mismas páginas se hace un recuento detallado de estos acontecimientos. Para los tomadores de decisión, ordenar su muerte u ocultarla no necesitó mayores preámbulos.

Sus afiliaciones, más que sus posibles ofensas a la «legalidad cubana», eran óptimas para mandar un mensaje a la oposición. Juanín era un fruto de su educación en el Colegio Baldor donde se graduó de Bachiller, estudiante universitario, miembro de la Agrupación Católica Universitaria, ACU, y afiliado desde sus comienzos al Directorio Revolucionario Estudiantil, DRE. Esta última organización recogía la rebeldía estudiantil desde los años 30s del siglo pasado contra las dictaduras que han pretendido eternizarse en el poder en Cuba: Machado (1925-33), Fulgencio Batista (1952-59) y en la actualidad los hermanos Fidel y Raúl Castro (1959-2011).

Conocí a Juanín en el Colegio Baldor donde cursé desde el segundo grado cuando entré con 6 años (1946) hasta mi graduación de Bachiller a los 17 años de edad (1957). Juanín iba un año antes que yo solamente y se graduó al año siguiente. Coincidimos en todas las afiliaciones que he mencionado de su vida, lo cual lo convirtió en la perfecta víctima de la tiranía para hacer un escarmiento.

Pudiéramos contar miles de personas cuyo historial era similar y que todas casi sin excepción, brindaron parte de su vida, no sólo en el

---

[4] Traducción libre del autor de su versión en inglés. El documento se encuentra en http://www.cidh.oas.org/annualrep/75eng/Cuba1834.htm . Fecha de Acceso: 14 de mayo de 2011.

periodo de imposición de la dictadura marxista-leninista sino en la época de Batista también. Entre ellas cabe mencionar a Javier Calvo Formoso, Ramón (Mongo) Pérez Lima, Julián Martínez Inclán y José Ignacio Martí Santa Cruz, detenidos en Bahía Honda la noche del 26 de diciembre de 1958; torturados el día 27 y ahorcados y después sus cuerpos trucidados en la madrugada del 28, festividad de los Santos Inocentes.

Este hecho ocurrió pocos días antes de la toma del poder por el actual régimen y también en Pinar del Río[5]. Todos provenientes de colegios y organizaciones católicos, estudiantes universitarios, con una marcada vocación política y deseosos de construir una Cuba distinta. Unos son del Colegio Baldor como «Mongo» Pérez a quien conocí personalmente y otros del Colegio Belén como los demás, pero todos líderes potenciales y sacrificados por una Cuba distinta «con todos y para el bien de todos» como enseñaba José Martí. Todavía recuerdo a «Mongo» Pérez, de Baldor, igual que Juanín, cargado de medallas en los fines de curso, exhortándonos: «Debemos participar...¡Quién no está presente en esta hora, no podrá en el futuro orientar los destinos de Cuba!». Otra coicindencia del destino: asesinado en Pinar del Río y en Diciembre como Juanín...pero tan sólo 3 años después.

Nuestros primeros encuentros con Juanín tuvieron lugar en el plantel de Secundaria de Baldor situado en la calle Línea y G. Luego participamos en el equipo de pelota inter-colegial. Lo recuerdo en «menores de 15 años» mientras que yo jugaba en los «menores de 18». Él defendía la tercera base mientras a mi me tocaba ser parador corto. Por la vinculación con el Colegio Baldor más adelante en el año 1959, participamos conjuntamente en la defensa de nuestro plantel, cuando, se amenazó su existencia. Los hechos comenzaron con demandas reivindicativas de su personal docente, lo cual fue superado luego de intentos de «tomas» revolucionarias por personas ajenas al

---

[5] Ver el artículo «Los Cuatro Mártires de Guajaibón», aparecido en la Revista Bohemia en el año 1959 y que se reproduce en http://www.autentico.org/oa09058.php . Fecha de acceso: 15 de mayo de 2011.

Colegio y descalificaciones de la autoridad de su Director, uno de los pedagogos más ilustres y más alto formador de generaciones de jóvenes, que tuvo Cuba en su historia. Aurelio Baldor dejó un sello en los jóvenes cubanos y Juanín era un exponente de ese esfuerzo.

Concurrimos juntos a las clases impartidas en esas aulas, por jóvenes estudiantes de la ACU. Aquí se estimulaban asistencias a retiros espirituales de varios días. Aparecemos en fotos de la época con el total del grupo que compartió esas experiencias, casi siempre en El Calvario, un seminario situado en las afueras de la Habana. Conservo una en que aparece Juanín junto con el R.P. León Lemus, S.J., magnífico sacerdote que para nuestra mente, se hacía más grande por ser hermano de un famoso militante de los grupos revolucionarios. Estos grupos optaron por la violencia sistemática desde 1933, y allí estaba el famoso «Colorado», en aquellas luchas universitarias que reflejó Rómulo Gallegos en su famosa novela "La Brizna de Paja en el Viento»[6]. El contraste entre un hombre de acción muy cuestionado y otro espiritual, siendo hermanos brindaba una atmósfera ideal para distinguir entre el bien y el mal que era el objetivo máximo de estos encuentros.

Recuerdo a Juanín como un buen estudiante, siempre cargando en su pecho, en la camisa que llevaba, aquellos distintivos que ofrecía el Colegio Baldor a los alumnos destacados. En el deporte, un caballero, conciente de sus errores y aciertos y sobre todo compartiendo alguna pifia, como una lección que debíamos aprender para hacerlo mejor la próxima vez. Como persona, siempre afable, incapaz de una ofensa o de un olvido que pudiera herir los sentimientos de otras personas. No era amigo de las exhibiciones exageradas o protagonismos buscados ni tampoco de la indiferencia. Guardaba una justa aproximación hacia los demás. Era, en tres palabras, un líder natural.

Luego de nuestra graduación nuestros objetivos nos llevaron en

---

[6] Rómulo Gallegos, La Brizna de Paja en el Viento. Madrid: Editorial Aguilar, 1969. Es necesario anotar que fue en estos grupos estudiantiles violentos donde se fragua la formación política del estudiante Fidel Castro, en su paso por la Escuela de Derecho de la Universidad de la Habana. Es imposible evaluar su trayectoria política y formación política sin tomar en cuenta este proceso.

diferentes direcciones. Las diferentes carreras universitarias seguidas en la Universidad de La Habana, sin embargo, no aminoraron la participación común en las elecciones estudiantiles de 1959. Por otro lado, en mi caso, acepté una posición de Asistente del Embajador de Holanda con sede en La Haya, donde pasé los primeros 9 meses de 1960. Allá seguía con curiosidad las luchas estudiantiles en donde comenzó la persecución y marginación de los que perseguían objetivos democráticos que eran también mis compañeros y amigos.

En septiembre de 1960, precisamente, presenté mi renuncia irrevocable en carta dirigida al Ministro de Relaciones Exteriores, Raúl Roa, donde expresaba mi inconformidad con esa conducta del gobierno favorecedora de designios totalitarios. Casi de inmediato, después de un recorrido por Guatemala, donde se encontraba mi familia, pasé en Diciembre de 1960, a unirme a los afanes del DRE en Miami, donde pronto me involucré en los afanes de derrocar el régimen imperante. Para entonces, Alberto Müller y Juan Manuel Salvat habían dejado la ciudad para unirse a la lucha que se desarrollaba en Cuba, lo cual era una invitación para todo el resto de los que quedábamos.

De las alocuciones radiales que constituyeron uno de los principales vehículos en donde tuve participación, se pasó pronto a los grupos de infiltración. De nuevo, me entero que uno de los papeles de Juanín era recibir a aquellos que llegaban a Cuba a fortalecer la lucha de la oposición reprimida de manera sangrienta por el gobierno. Curiosamente, al menos hubo 2 intentos de nuestra parte, de llegar a ese destino. Ambas incursiones fueron infructuosas. Una por dificultades en la comunicación de los grupos clandestinos y la otra, fue abortada por la frustrada expedición del 17 de abril de 1961 que convalidó al régimen actual hasta el día de hoy. El hecho de preferir la asonada de amplia escala, con inversiones en hombres y recursos de alto calibre y mayor patrocinio, en un determinado día y lugar, en vez de la lucha lenta y gradual que provocaba el deterioro interno, probó ser definitiva para los propósitos de esa aventura.

A partir de entonces, las trayectorias vitales de los cubanos tomaron otra vez diferentes direcciones. Se pensaba que gran parte de la parálisis respecto a lo que pasaba en Cuba, se debía a la falta de convencimiento de los gobiernos y sociedades latinoamericanas, de la situación desesperada y de supresión de libertades que se vivía en Cuba. La estrategia demandaba una presencia cubana disidente en los países hermanos latinoamericanos. Ello, junto con la vocación de continuar los estudios universitarios, nos condujo a la formación de la delegación del DRE en Santiago de Chile. Estando ya residiendo aquí, nos llegan noticias de la desaparición de Juanín.

Las primeras noticias eran inciertas ya que su fusilamiento o muerte o desaparición en diciembre de 1961 no se hizo público. Se decidió que se haría una campaña en América Latina, semejante a la realizada a favor de Alberto Müller, la cual determinó en alguna medida, que se hiciera un juicio público al mismo, y que fuera condenado a 20 años de prisión y no al fusilamiento como se temía. En Chile, imprimimos carteles, volantes y pancartas pidiendo al gobierno su aparición. Estas demandas llegaban a la Embajada Cubana ya que Chile mantenía relaciones diplomáticas con Cuba en aquellos momentos. Por otro lado, escribíamos a intervalos regulares, en los periódicos la petición al gobierno cubano, de que informara sobre su paradero.

Todavía recuerdo el día en que me enteré del anuncio de su muerte. Precisamente, fue en el edificio que alberga «El Mercurio», probablemente el periódico de mayor credibilidad y preferencia en Chile. Un periodista de los tabloides que también manejaba esta entidad me dio la noticia. Ello hacía extemporánea la petición escrita para su aparición que llevaba en la mano para su publicación en esos periódicos. Todavía recuerdo el pasillo largo que tenía que recorrer para encontrar la salida del segundo piso de ese edificio, situado en la calle Compañía de Santiago de Chile.

No recuerdo el tiempo que estuve allí donde había poca circulación de personas. También me detuve en una de sus ventanas a contemplar la calle donde abajo circulaban centenares de personas ajenas al crimen que se había cometido. Estaba a miles de kilómetros de Cuba y sin noticias precisas del acontecimiento. Ello ocurrió meses después de haber sido abatido. Viene a mi mente ahora los versos de Bécquer: «¡Dios mío, qué sólos se quedan los muertos!...».y yo añadiría recordando aquellos momentos: «¡Y también los vivos!» Para combatir ese sentimiento, unámonos para rendir homenaje y recordar a Juanín y decirle que no murió en vano.

Ejercicios Espirituales en El Calvario, La Habana, 1956.
Juanín sentado, último a la derecha.

ALMA NOBLE

Luis Fernández Rocha

Desafortunadamente no conocí mucho a Juanín. Lo recuerdo con una perenne sonrisa en sus labios y si los ojos son el espejo del alma, no era difícil adivinar que nos encontrábamos en presencia de un alma noble y transparente.

En mi caso sería pura conjetura adivinar cuáles eran sus planes de futuro, pero sí estoy convencido que su principal motivación era simplemente la mayor gloria de Dios.

Cualesquieran que fueran sus planes, en las circunstancias en que vivía, puso los medios eficaces que se le presentaban. En aquel momento la lucha clandestina era su misión. Su premio fue el martirio.

Nosotros nos quedamos con la interrogante de lo que pudo ser y no fue. Sin duda algún día encontraremos respuesta.

A LOS 50 AÑOS DE SU MUERTE.

Ernesto Fernández-Travieso, S.J.

Eran los finales de los '50 durante la dictadura de Batista y en los umbrales de una revolución. En el patio de la Agrupación Católica Universitaria, «agrupados» estudiantes y profesionales, comentaban los últimos sucesos del día y los eternos rumores que circulaban por las calles de La Habana. A la sombra de los almendros se discutía de política y se hablaba de los problemas sociales que herían a nuestro país. Estos problemas sociales apenas se discutían en otros círculos. Los voceros de la inminente revolución sólo se referían a la política y a derrocar a Batista. En la Agrupación, sin embargo, se estudiaba y se buscaba también una verdadera reforma social y cristiana en aquellos tiempos tan confusos. Cuba necesitaba un cambio político y social. En la Agrupación bebíamos las encíclicas papales y la doctrina social de la Iglesia.

Las universidades se iban cerrando ante la situación y los abusos de las fuerzas represivas del gobierno. La Agrupación pululaba de actividad. Estaba a pocos pasos de la enorme escalinata que llevaba a la acrópolis aquella que era la Universidad de La Habana. Se organizaban círculos de estudio y seminarios para aprovechar ese «tiempo muerto». Los salones y biblioteca estaban siempre llenos. Se leía, entre otras obras, «El criterio» de Balmes, «Pasado y Ambiente del Proceso Cubano», de Aguilar León, «Formación de Selectos» de Ángel Ayala, S.J., y por supuesto, los Evangelios. De noche los jóvenes íbamos a enseñar en escuelitas de obreros en barrios marginados de la ciudad. Al volver, en nuestro patio de la ACU bajo los almendros, se entrecruzaban distintos grupos rezando el rosario ante la gruta de la Virgen. Cubierta por una estructura parabólica de concreto muy delgado, resaltaba aquella Virgen de mármol blanquísimo.

Allí conocí a Juanín. Provenía de un grupo del colegio Baldor. Yo venía De La Salle. Participábamos de todas las actividades que nos ofrecía la Agrupación. Muchas noches, terminábamos el día con tertulias interminables en cualquier café de la calle Infanta, o en el «23 y 12» del Vedado acompañados de algún «sabio maestro». Ya empezaba a ser peligroso para jóvenes estudiantes salir de noche.

Juanín y yo fuimos apadrinados por Humberto Alvira, uno de los pilares de la ACU, quien era director de nuestros trabajos apostólicos. Humberto, cinco años mayor que nosotros, era además muy activo en la Universidad de La Habana, miembro de la FEU, Federación Estudiantil Universitaria, en la escuela de Ingeniería, y un hombre de fe y oración. Todas las mañanas Humberto nos iba a buscar a Juanín y a mí a nuestras casas para ir a la misa en la capillita de la Agrupación. Nos admiraba su profunda espiritualidad «a lo hombre». Ya nos había impactado la misa de la ACU los domingos, viendo a los varios cientos de agrupados levantarse a comulgar en el gran salón. Vivíamos en una sociedad donde los hombres no comulgaban y si iban a misa se quedaban parados atrás.

La Agrupación Católica Universitaria había sido fundada por el Jesuita P. Felipe Rey de Castro y a su muerte, pocos años antes, fue continuada por el también Jesuita P. Amando Llorente. La espiritualidad de Ignacio de Loyola nos llegaba con toda su actualidad para las necesidades del mundo de hoy. La ACU marcó el inicio de una nueva era en la historia cubana.

Juanín y yo acompañábamos a Humberto a todas partes y escuchábamos, le escuchábamos y preguntábamos… empapándonos de unos ideales nuevos, distintos, más intensos que los que habíamos conocido antes. Queríamos seguir a ese Cristo tan vivo que ahora Humberto nos enseñaba. Humberto nos dejaría a muchos ese legado al morir poco tiempo después en un accidente automovilístico en el que yo lo acompañaba y quedé mal herido. Juanín me visitaba frecuentemente en mi convalecencia y hablábamos mucho. Él y yo habíamos disfrutado plenamente de la amistad de Humberto y nos juramos seguir los pasos de nuestro «maestro», hermano y amigo.

Se fue Batista, llegó la revolución con gran euforia en aquella real necesidad de cambio político. Poco duró aquel entusiasmo inicial. La revolución venía contaminada con el odio y la traición a nuestras tradiciones, principios y valores. La Agrupación había aportado ya cuatro estudiantes mártires que fueron torturados dos días antes de terminar el régimen de Batista. Ahora vendrían nuevos mártires asesinados por las fuerzas represivas del comunismo. Juanín sería uno de ellos.

*****

Después del fracaso de la Invasión de Bahía de Cochinos, en medio del caos y la persecución en el clandestinaje, Juanín fue elegido Secretario General de nuestro Directorio Revolucionario Estudiantil, una de las organizaciones más fuertes y osadas en contra del régimen comunista. Hubo muchos fusilados. Algunos murieron gritando «¡Viva Cristo Rey!»

Volví a encontrarme con Juanín estando yo escondido en una casa de seguridad del clandestinaje. Me había infiltrado por La Habana meses antes para unirme al movimiento clandestino, a grupos del Directorio. Al fracasar el levantamiento del Directorio en la Sierra Maestra con la frustrada invasión regresé a La Habana. Juanín me informó entonces de la decisión de que me fuera otra vez al extranjero para averiguar qué pasaba. Él mismo me fue a llevar después al tren para ir a Guantánamo donde brincaría la cerca para la Base. Hablamos mucho ese día, como en los viejos tiempos. Al despedirnos Juanín me dijo, con los ojos aguados, que no nos olvidáramos de ellos que se quedaban allí...

Otra vez en el exilio, estuve dos meses en un campamento de entrenamiento del Directorio en la Florida. Se me había asignado a ir con un equipo especializado en guerrillas urbanas, para infiltrarnos por La Habana a reforzar y entrenar a nuestros estudiantes de la resistencia. Sin embargo, al terminar nuestro intenso entrenamiento vino de Cuba una contraorden. Iba a ser imposible mantener un grupo infiltrado dada la agresividad del régimen comunista contra todas las fuerzas de oposición en el clandestinaje. Solamente podría ir Salvat.

Al llegar a las costas de Cuba no pudo haber desembarco pues no se recibían las señales convenidas. Los del equipo de recepción, a cargo del mismo Juanín, fueron sorprendidos por las fuerzas castristas mientras esperaban. En medio de un tiroteo murió Juanín. Los otros fueron hecho prisioneros.

Nos enteramos en Miami algunos días después. Al irle yo a dar la noticia al P. Jorge Sardiñas, S.J., quien había sido director espiritual de Juanín en Cuba, hablamos y rememoramos sobre lo inolvidable de su vida y su persona. Según el P. Sardiñas, Juanín estaba considerando con él su vocación para entrar en los Jesuitas. Aquello no me sorprendió. Juanín era un individuo excepcional, bondadoso, buena gente y siempre entregado a los demás. Pero en el fragor de nuestra lucha nunca habíamos tocado ese tema. Salí de allí con muchas preguntas sobre mi propia vocación en la que nunca antes había pensado. Estaba yo entonces comprometido para casarme.

Hoy, a mis 38 años de ordenado yo sacerdote Jesuita, la figura de Juanín sigue estando presente en mi vida y mi trabajo.

SU EJEMPLO

Antonio García-Crews

Conocí a Juanín Pereira en la Agrupación Católica Universitaria en La Habana. Juanín se incorporó a la Agrupación a finales de 1958, poco tiempo después que yo. Estudió el Bachillerato en el colegio Baldor, al igual que muchos agrupados.

Juanín era un gran nadador, un atleta natural. Era difícil no tomarle cariño por su personalidad sencilla y alegre. Poco a poco nos fuimos conociendo mejor. Lo consideraba un buen amigo. Tenía fuertes convicciones religiosas y desarrolló una profunda vida espiritual. Esto era obvio para los que lo conocíamos bien.

Después de la Guardia Sabatina en el local de la Agrupación muy cerca de la Universidad de La Habana –Masón y San Miguel– Juanín era casi siempre mi compañero de viaje hacia mi casa en Marianao, pues él vivía en camino. Yo casi siempre le daba «botella». Nuestras conversaciones eran siempre interesantes y generalmente trataban sobre dos temas: Cristo y Cuba. Corrían momentos difíciles y nosotros los teníamos que enfrentar.

Recuerdo claramente una excursión que hicimos juntos al Pan de Guajaibón en Septiembre 1959. El Pan es el punto más alto en la provincia de Pinar del Rio. Fuimos los primeros en llegar a la cima, y desde allí observamos el precioso paisaje pinareño, su suave y acariciante verdor, sus onduladas lomas, y las abundantes palmeras. Nunca más he podido olvidar ese paisaje. Al pie del Guajaibón 5 de nuestros hermanos habían sido martirizados el 28 de diciembre de 1958 a manos de sicarios batistianos. Como se acercaba la fecha del primer aniversario, muchos aspirantes y congregantes de la ACU habíamos ido a rezar a este lugar tan sagrado para nosotros. ¡Quién hubiera podido predecir que muy cerca del segundo aniversario del asesinato en Guajaibón y cerca de allí, Juanín también enriquecería con su sangre esas tierras!

En Julio de 1960, abandoné Cuba para ir a estudiar una Maestría en la Universidad de Chicago. A mi regreso a principios de Octubre, nunca coincidimos en la lucha contra Castro. Fue mucho después, en el verano de 1961, ya en el presidio de Isla de Pinos, que supe de Juanín. Los terribles días de Abril '61 habían quedado atrás. Las ilusiones políticas habían dado paso a realidades imposibles de vislumbrar sólo unos meses antes. El terror castrista se expandía por toda Cuba. Las noticias de los encarcelamientos y fusilamientos provocaban en mí una desesperanza profunda. Por otra parte, la guerra fría traía la posibilidad real de una guerra nuclear.

En medio de aquella catástrofe en que sólo me quedaba rezar, recibí un mensaje alentador. Juanín Pereira se había acercado a mi familia para ofrecerles aliento y ayuda material. Cómo podré agradecer suficientemente ese gesto ejemplar que rompía el absurdo de aquél momento para mí, mi familia, y todos sus amigos que nos encontrábamos presos.

Este es el recuerdo más perdurable que tengo de Juanín. Unos meses después recibí la noticia de su muerte. El largo camino por el desierto había comenzado. Todo había cambiado, pero todo parecía igual.

COMPAÑEROS EN BALDOR

Carlos García Soler

Hablar y pensar en nuestro compañero y amigo Juanín Pereira es recordar al muchacho callado, humilde y sincero en sus pensamientos. Por años estuvimos juntos en los teams de natación de nuestro querido colegio Baldor, formamos parte de los equipos de menores de 15 y 18 años, fue un nadador extraordinario en dos especialidades en pecho y espalda conquistando en la liga colegial varias medallas de oro.

Como estudiante lo recordamos por sus buenas notas y su disciplina y respeto.

Cuando el Caso Baldor, al principio de la revolución, que quisieron intervenir el Colegio las fuerzas del mal que comenzaba a gobernar a nuestra Patria, su participación fue fuerte y enérgica entre un grupo nuestro que no permitimos que estos hechos ocurrieran.

Tiempo después lo recuerdo en la participación de protesta, en el parque Central de La Habana en contra de la infamia de Mikoyán de poner frente al busto de nuestro Apóstol José Martí la corona con una hoz y el martillo. Siempre al frente, él no sabía dar un paso atrás para defender la causa de la libertad de Cuba, sus principios Cristianos en todo momento de su vida estaban presentes y se hacían presente en su actuación como un verdadero Apóstol de llevar el mensaje de un Cristo vivo que nos ama.

Una de las cosas que admiraba también era a sus padres emigrantes españoles que supieron siempre apoyarlo y estar con él. Él nos contaba el orgullo que sentía por sus padres que le dieron una base sólida de Fe cristiana y que, siendo emigrantes, le sembraron el amor a Cuba, la patria adoptiva de ellos.

La última vez que lo vi fue en un acto, que nunca puedo olvidar y que siempre le he estado agradecido el resto de mi vida. Encontrándome en casa del Dr. Alberto Alejo (QEPD) en una casa de seguridad y pasados algunos meses de la traición de Playa Girón y el DRE buscando alternativa para salir de Cuba, por estar infiltrado y perseguido, se aparece Juanín en la casa y me informa que tiene preparado mi entrada, brincando una cerca de pared, en la residencia particular del embajador de Colombia en Cuba, en el Biltmore, la casa que era de la Sra. Dora Mestre. Salimos en su carro hacia allá hablamos de nuestros días en el Club, colegio y nuestro deporte la natación, sobre todo del amor a Cuba y que la lucha tenía que continuar. Él en ese momento, como muchas veces lo hizo, se estaba jugando su libertad o vida, ya que era sabido que el que estuviera junto a un infiltrado en Cuba, la pena estaba escrita, en un paredón con sangre o en las cárceles del régimen. Llegamos a la esquina de la casa y me dice, hay un miliciano que va y viene hasta esta esquina, tan pronto se vire sales corriendo brinca el muro y en el patio te están esperando, le di la mano lo miré y le dije: Juanín gracias, cuídate que te necesitamos y Cuba tiene que tener líderes como tú. Sólo me dijo: Carlos, suerte.

El día 17 de Diciembre de 1961, al enterarme del asesinato de él, tuve que llorar, porque era un amigo, era un futuro para Cuba que el mal le tronchaba la vida, mi agradecimiento se hacía oración y mi promesa que la lucha por una Cuba, libre, democrática y cristiana en mí nunca terminaría y así lo hecho hasta el día de hoy.

Juanín es y será siempre para todos nosotros el muchacho, callado, humilde y, sobre todo, el patriota que tendrá que ser ejemplo en generaciones futuras del «que morir por la Patria es vivir»

Juanín siempre estarás presente entre nosotros.

Premio Extraordinario de Religión «Salvador Rodríguez Cecilio». Desarrollando el tema «El Evangelio y los ideales de la juventud» resultaron triunfadores Leticia Rodríguez, primer lugar, de 4to. Año de Bachillerato y Juan Pereira, segundo lugar, de 4to. Año de Bachillerato.

Los mejores atletas del Colegio Baldor. Juanín, a la derecha. ganó el premio «El Mejor Nadador del Año»

SU MAMÁ ADOPTIVA

Berta Santa Cruz de Kindelán
«Mamá Bertica»

Hoy, al querer recordar a Juanín, pagamos el precio de las lagunas en la memoria. Son muchas que, unidas a los 50 años desde su muerte, nos dejan un sabor amargo al no poder transmitir completamente quién era Juanín y cómo impactó nuestras vidas.

Durante el período del clandestinaje, los miembros del Directorio Revolucionario Estudiantil (D.R.E.) nos pusimos la obligación y el entrenamiento de borrar de nuestra memoria la mayor cantidad de información para evitar, en caso de ser detenidos, proporcionarle a la Seguridad del gobierno datos sobre otros implicados en las actividades en contra del régimen. Fue tanto lo que trabajamos en este sentido que, cuando a mí me detienen, no podía recordar ni mi dirección o teléfono para que avisaran a mi madre de mi traslado a Guanajay.

Juanín trabajaba en seguridad cuando Alberto Müller, fundador y dirigente del DRE, lo mandó a llamar a la cárcel de Boniato. Alberto acababa de regresar de las celdas de castigo, de los intentos de fusilamiento y de otras múltiples torturas. Nos fuimos a Boniato en tren. Allí, en la cárcel, Alberto nombró a Juanín Secretario General para intentar reorganizar el DRE después del desastre de Girón. Juanín asumió su nueva responsabilidad a cabalidad.

Recuerdo aquellos días en que Juanín se aparecía en casa para alguna reunión del D.R.E. o a recoger algún mensaje. Yo servía de intermediaria entre miembros de los «teams» de infiltración y el Movimiento de Recuperacion Revolucionaria (M.R.R.) después de Girón, la Embajada Española y otros contactos. Siempre apurado pero tranquilo. Por momentos no asimilaba que era el Secretario General de una organización tan activa y tan dedicada. Tenía 20 años y la inocencia de su edad y carácter. Yo, la mamá adoptiva de los muchachos del DRE, nunca cuestioné su liderazgo. Él se lo ganaba con sencillez. Lo acompañé en algunos viajes para reorganizar el clandestinaje en la Isla.

Lo recuerdo religioso, muy recto, con un alto sentido del deber, muy fiel a sus principios y creencias lo que, a veces, lo llevaba a ser un poco terco. Juanín no discutía, simplemente decidía y no había quien lo hiciera cambiar de opinión. Eso sucedió en mi casa el día en que se reunió el ejecutivo del DRE para convencerlo que no fuera a Pinar del Río pues él no sabía ni cómo manejar una pistola. «Yo no soy de tiros», decía. No, Juanín no era de acción sino de pensamiento.

Tuve la impresión de que se le había convencido y que sería Ricardo Menéndez («el Chino», «el Caco para mí») quien iría a la operación en que saldrían unos y entrarían Salvat («el Gordo») y Julio Hernández-Rojo.

El 16 de diciembre del '61 a las 6:30 am. Juanín estaba en la puerta de mi casa pidiéndome la pistola, una Browning 38, que lo acompañaría a Pinar del Rio. Le protesté pues creía que se había acordado que iría el Caco. Sin discusión me ripostó «que él era el responsable, que iría él y que le entregara la pistola». Ante «la orden» de quien era el Secretario General en ese momento, se la entregué. Estaba apurado. Quería irse antes que de que el Caco llegara a las 7:00 am, hora acordada. El Caco se sorprendió cuando se enteró que ya Juanín había estado allí y que en ese momento ya se encontraba camino de Pinar del Río.

Pasamos todo el 17 de diciembre esperando su llamada para informarnos del lugar exacto en donde nos reuniríamos para traerlos para La Habana. La llamada nunca llegó. Juanín había muerto esa madrugada.

El Padre Azcárate, S.J., su Director Espiritual, fue el intercesor para recuperar su cadáver. Ya lo habían enterrado y el gobierno se negaba a revelar el lugar y, por supuesto, entregarlo. Pasaron días hasta que por fin se le pudo dar cristiana sepultura en el Cementerio de Colón.

Hoy, 50 años después, seguimos recordando al «Pío», como a veces le llamábamos, y lamentando la pérdida de un joven lleno de vida, de ideales y principios que aún vive en nuestra memoria.

Juanín muy joven

MI AMIGO

Johnny Koch

Colegio Baldor
Era yo un estudiante más, del tercer año de bachillerato en el colegio Baldor. Ese año, el equipo de baloncesto de menores de 15 años estaba compitiendo por el primer lugar de la liga inter-colegial. Decidí ir a las prácticas para incorporarme al equipo, pero yo no tenía las habilidades atléticas, era de talla muy pequeña y nunca pude formar parte del equipo.

Como sabía nadar, decidí unirme al equipo de natación. El primer día el coach me dio una tabla de práctica y me dijo que me tirara a la piscina y que nadara tres piscinas con la tabla. Seguí las instrucciones y por poco me ahogo del cansancio. Porque una cosa es nadar en un río pequeño y otra en una piscina olímpica. Salí de la piscina con intención de vestirme, irme, y no regresar. Entonces sentí que un alumno del curso anterior al mío me tocó por el hombro y me dijo. «Eso le pasa a todos la primera vez que vienen a nadar. Sigue intentando y lograrás ser parte del equipo».

Así fue como conocí a JUANÍN.

Volví un par de veces a las prácticas de natación. Nunca califiqué para el equipo pero sí aprendí a nadar. Mas tarde averigüé que aquel alumno que me había dado aliento se llamaba Juan Pereira Varela. También supe que él era el mejor estudiante de su año, que sus notas eran las primeras y que ese año había impuesto nuevo record inter-colegial de natación en su estilo. Juanín también era jugador del equipo de pelota y del de baloncesto del colegio Baldor.

Volvimos a vernos de vez en cuando durante el curso del 1957 y del 1958. Probablemente hablábamos cosas de muchachos de nuestra edad. Yo por mi parte le tenía y le tengo una gran admiración.

El curso que terminó en Junio del 1958 Juanín se graduó de bachiller y después me enteré que estaba estudiando Arquitectura en la Universidad de La Habana.

Agrupación Católica Universitaria

Pasó un año. Me había graduado de bachiller en el curso de 1959 y estaba esperando que la escuela de Ingeniería Eléctrica de la Universidad de la Habana abriera la matrícula para nuevos estudiantes. En otras palabras andaba de vago sin nada que hacer, cuando Herman, mi hermano, preocupado por verme vaguear tanto tiempo, me llevó casi a la fuerza a un lugar llamado «La Agrupación». El lugar me gustó. Habían mesas para jugar Dominó, una mesa de Billar y también me encontré con algún que otro amigo del colegio.

Era sábado en la tarde, cuando mi hermano me dijo: «Hoy es la Guardia Sabatina y quiero que la oigas».

A las dos semanas de estar visitando la ACU –como todos le decían– un agrupado cuyo nombre prefiero no mencionar, me requirió:
–allí no sólo se iba a jugar, me dijo, que no me había visto seleccionar ni leer un libro religioso, que no me había visto pisar la capilla. Me estaba prácticamente echando del lugar. En mi camino para salir de allí, decidí visitar la famosa capilla y decirle adiós al lugar.

¡Qué sorpresa! La capilla era sencilla pero linda, se respiraba una tranquilidad que invitaba a hablar con la Virgen, me arrodillé y recé... No sé cuánto tiempo pasó, pero nadie entró en el tiempo que yo estuve allí. Al rato, me percaté que había alguien en una esquina de la capilla que llevaba más tiempo que yo rezando y con sus brazos abiertos en cruz.

Salí de la capilla, cerré la puerta sin hacer ruido, entonces me entró curiosidad de saber quién rezaba tanto tiempo. De curioso y metido, esperé a que saliera esa persona tan devota que rezaba tanto.

«JUANÍN» ... exclamé en voz alta. Sorprendido y sin darme cuenta, en voz baja, le pregunté:

«¿Y por quién tú rezas tanto?», él me contestó: «Por todos ustedes».

Nos dimos un estrechón de manos y me dijo. Bienvenido a «la ACU».

Año y medio después yo pasaba a ser Congregante Mariano en «la ACU».

Ultima vez que vi a Juanín

Se había ejecutado una acción contra el gobierno del tirano en el cual mi carro fué balaceado, en el intento por escaparme se me habían quedado todas mis identificaciones dentro del mismo. Días después, estaba yo en una casa de seguridad esperando una nueva asignación. Eran unos momentos en que la tranquilidad y la soledad le ayudan a uno a pensar en los próximos pasos a tomar. No podía fallar pues no me podía dar el lujo de caer preso.

Fué entonces cuando recibí el mensaje. Lo traía Juanín en persona. Miguelón, mi jefe, me decía que Alberto había aprobado que me fuera a la provincia de Oriente a ayudar en el alzamiento del DRE (Directorio Revolucionario Estudiantil) en la Sierra Maestra. Esto me dió mucha alegría pues no quería tenerme que refugiar en una embajada.

Juanín y yo estábamos hablando de como abandonar la casa de seguridad y de ponerme en contacto con el grupo que estaba organizando el alzamiento en Oriente, cuando vimos llegar un conjunto de carros del G2. Rápidamente se bajaron unos soldados con armas largas y metralletas cerrando la calle frente al apartamento donde estábamos conversando.

Enseguida, Juanín reaccionó y me dijo que si a él lo estaban siguiendo él los iba a enfrentar pues estaba menos expuesto que yo. Me pidió que yo tratara de escaparme mientras lidiaban con él. Por suerte no hubo necesidad de poner ese plan en acción. El despliegue de fuerza militar era la escolta de Fidel que venía a visitar a Celia –su amante de aquel momento–, que vivía en la misma calle donde estaba el apartamento de seguridad.

Fué la última vez que vi y conversé con Juanín. Lo vi caminar hasta su carro doblar la esquina y desaparecer...

Miami – Diciembre 1962

Meses después, regresando a la base de Miami de una operación fallida para infiltrarse en Cuba, nos enteramos que el operativo de recepción había sido sorprendido y capturado por las fuerzas castristas, hubo un muerto y el resto de ellos fueron apresados.

Juanín, 20 años, asesinado,…. de un solo disparo de arma de fuego.

Equipo de natación del Colegio Baldor. Juanín parado, es el quinto a la derecha.

Pereira llega en primer lugar a la meta en los 50 ms. de pecho.

EN EL SUEÑO...

Cecilia la Villa de Fernández-Travieso

No recuerdo cuándo te conocí ni tampoco los detalles del después. Sin duda, he engavetado mucho de esa etapa. Es ese subconsciente para seguir viviendo. También es indiscutible que marcaste mi vida y, por un tiempo, mi psiquis.

Cuando me dieron la noticia de tu muerte, me paralicé. No expresé sentimientos. No lloré. No me sonreí. Me congelé. Lo que recuerdo es que, a veces, se me cortaba la voz si mencionaba tu nombre. Días después lloré en un cine. En ese momento supe que habías muerto. Tiempo después, no sé cuánto, lo transformé: te habías podido escapar y estabas en Miami. Y, así, cuando llegué a Miami caminaba por las calles esperando que aparecieras. Te buscaba en las caras; no entendía la demora. Hasta un día en que conversé con mi reflejo en el espejo y, con toda su fuerza, me contesté: Cecilia, está muerto.

Llegaste un día a mi vida, no sé cuál. Me han dicho que te veía en casa de Berta Kindelán («Mamá Bertica») pero no lo recuerdo. Te veo en Misa en San Antonio, arrodillado, con devoción después de la Comunión. Siempre me llamaba la atención. No estaba acostumbrada a hombres piadosos. Al terminar la Misa ofrecías «botella». Hablábamos poco pero me sentía bien en tu compañía. Veía tu sonrisa franca, oía el «muchacha» antes de comenzar cualquier frase, y esa mitad dulzura, mitad sonrisa pícara, en tu mirada. Tú hablabas suave y transmitías ternura. Luego descubrí que también eras algo celoso. Me sorprendió.

Me invitabas al cine lo que también tengo medio borrado. Lo recordé por el álbum de todo lo que hacía en Cuba. Raquel, mi hermana, siempre era la chaperona. Me sorprendían las invitaciones pues no las esperaba. Otro día me invitaste a salir con tres parejas más. Me preguntaste si quería bailar aclarando que no sabías. Dimos cinco pasos y eras tan «patón» que yo propuse detener el baile mientras pensaba que tenía que darte clases. No tuve tiempo. Tampoco creo que te importaba mucho. Te quedaste tan campante cuando nos sentamos. No creo que conocieras el cancionero. Recuerdo tu exclamación «Muchacha, qué canción tan linda», cuando por primera vez me oíste en la guitarra «Damisela Encantadora». Mami y yo nos sonreímos sorprendidas ya que no la conocías.

Ibas a casa con frecuencia. En ocasiones te encontraste con un compañero de trabajo de mi hermana, oficial de Seguridad e incondicional del régimen. Hicieron buenas ligas pero no se hablaba de política. Nunca te vi un gesto distante, ni de crítica, ni de nada hacia ese otro ser humano. Te deleitabas cuando él, que había sido monaguillo, cantaba canciones gregorianas a la perfección. Tenía muy buena voz. Tú sonreías. Siempre temía que, algún día, algo se te manifestara pero ese día nunca llegó. La vida da muchas vueltas y él fue una pieza esencial en desentrañar aquella operación donde te fuiste.

Recuerdo con claridad el día del cambio de la moneda. Estabas embulladísimo, con la alegría de un niño, para salir a tener una gran comida. Claro, Raquel de chaperona. Pasaron las horas y no aparecías. Por fin, ya tarde, llegaste con cara de agotado. Todos hambrientos nos lanzamos a la calle en busca de un restaurante que nunca apareció. Se había terminado la comida en todas partes y terminamos en el Recodo comiendo un perro caliente sin que ocultaras tu frustración y berrinche. Se te había roto tu sueño.

Así los días, hasta agosto de 1961 en que me recogiste para ir a Misa en Santa Rita. Nos dirigimos hacia el parque. Sin más preámbulo me dijiste que querías profundizar en nuestra relación. Ahí te enteraste que ya mami había presentado nuestros papeles; la sorpresa se te notó en la cara y comentaste que tenías que volver a pensarlo todo. Tres días después apareciste con la decisión tomada: «no tenía sentido comenzar algo que pronto tendría un final». No claudicaste ante mi insistencia. Luego, muy protocolarmente, me informaste que no vendrías por la casa tan a menudo, solamente para asuntos de «trabajo» del DRE (Directorio Revolucionario Estudiantil).

Lo cumpliste por un tiempo hasta una noche en que te ibas a reunir en casa con Raúl Pintado. Allí estaban Ricardo Menéndez («El Chino») y Julio Hernández-Rojo. Lo primero que dijiste al entrar fue dirigido a ellos dos preguntándoles qué hacían ahí. Julio salió; llamó al poco rato para informar que lo habían seguido. Lo mismo con el Chino. Raúl y tú se sentaron y nos pidieron que botáramos cualquier cosa comprometedora que tuviéramos. Esperaron mucho rato, como dos horas, y nada sucedió. Decidieron irse caminando hacia la Curva Montalvo. Los vimos salir a los dos, con paso tranquilo y conversando. El G-2 no entró en casa.

Rompiste tu decisión de no visitarme. Sentados en la sala, te pregunté si era cierto que te ibas a meter a cura al terminar todo este lío ya que me había llegado ese rumor durante tu desaparición. «¿Tú crees que yo voy a tomar una decisión de ese tipo en estos momentos? Yo estoy completamente dedicado a esto (el clandestinaje)». Supe que no habías decidido nada, como me habían dicho, pues tú eras honesto y sincero; te molestaban las mentiras. Nunca trataste de aparentar lo que no eras. Con esa sencillez que te caracterizaba, tú eras tú y punto.

Cada día estabas más ocupado. Soñabas con la llegada de Juan Manuel Salvat («El Gordo») para entregarle todo y poder sentarte en un sillón a balancearte sin hacer nada, decías riéndote. Llegó el día de la salida clandestina de Julito; venía a Miami para regresar con el Gordo. Nos fuimos tú, Raquel y yo al apartamento en Varadero. Fuimos a la casa desde donde saldría Julio para darle una última revisión. Nosotros tres nos fuimos. Julio salió esa noche. Después de un buen rato en el balcón «mirando» a Julio en la oscuridad del mar, te dio por imitar el caminar del Gordo, ¡cómo te reías!, y nos hablaste de él, a quien no conocíamos.

El 13 de diciembre de 1961 llegó el telegrama de Julio avisando su llegada. El 16 de diciembre saliste para Pinar del Río. «Yo voy, me dijiste, porque yo no arriesgo a ningún hombre». No teníamos seguridad en la operación, no se había podido chequear el punto por donde saldrían unos y entrarían el Gordo y Julio, no había detalles pero así nos lo informaron y el coordinador era el hermano de Julio, Ángel Hernández Rojo («El Baby»). No debería de ser una encerrona pero... algo presentías. Estuviste en mi casa a las 6:00 am a despedirte. De ahí saliste para casa de Mamá Bertica a recoger la pistola que te acompañaría. Me llamaste de nuevo a las 12:00. Al día siguiente, Mamá Bertica, el Chino y Raquel esperaban la confirmación de la entrada del Gordo y Julio para salir para Pinar del Río a recogerlos. Ya era el 17 de diciembre.

El Chino y yo acudimos a la llamada del Baby, hermano de Julio, que tenía el miedo reflejado en la cara. Dijo que los habían rodeado, que él había tirado una granada que no explotó, que se había salvado porque estaba retirado protegiendo desde los matorrales y que el muerto era Carmelo. Quería que lo asiláramos. Dudamos de su versión pero se procedió al asilo. Tiempo después, el oficial de Seguridad compañero de trabajo de Raquel le confirmó: «esa operación estaba entregada desde el principio. A mí me llamaron desde La Habana y no estaba en Pinar del Río ese día. Yo no sabía que el muerto era Juanín» y lloró. Como todo el que lo conocía, él también le tenía aprecio y cariño a Juanín.

Nos tocó al Chino y a mi ir a darle la noticia a sus padres, Aurelia y Juan, de que Juanín estaba preso. Fue inútil. Aurelia se había despertado con una pesadilla en donde vio morir a Juanín. No hubo forma de convencerla de que el muerto era Carmelo pues «yo lo vi», repetía. Pasaron los días, Carmelo apareció preso y seguíamos sin noticia de Juanín. Por fin la realidad llegó el 27 de diciembre.

Según serias fuentes comenzó la peregrinación de sus padres para recuperar el cadáver. El gobierno lo negaba. Ya lo habían enterrado. Decidieron ir a Pinar del Río. Quise irme con ellos y Mamá Bertica, muy a lo Mamá Bertica, me dio un no sin opciones porque iba a embarcar a todo el mundo. Gracias a la intercesión del Padre Fernando Azcárate, sj entregaron el cadáver que está enterrado en el Cementerio de Colón junto a sus padres. Allí descansa un hombre íntegro quien durante su corta existencia llegó al alto nivel alcanzado por pocos en su peregrinar hacia Dios.

Los planes de Dios son desconocidos para nosotros pero los que están con Él los pueden compartir. Juanín, sonriendo desde el cielo, me ignoraba cuando le peleaba porque me había embarcado. Tenía sus planes que no necesariamente coinciden con nuestro sentido del tiempo. Puedo imaginarme con detalles la reunión que hubo entre

Juanín, Virgilio y Tapita para lograr que Tommy y yo nos casáramos. No les fue fácil pero los dos estamos convencidos de que nuestro matrimonio fue «arreglado por nuestros muertos» lo que nos explica la buena relación que tenemos, el respeto mutuo a nuestros dolores y a nuestras personas. Ojalá pudiéramos verlos aunque fuera por un instante. Mientras, nos encontraremos en el sueño.

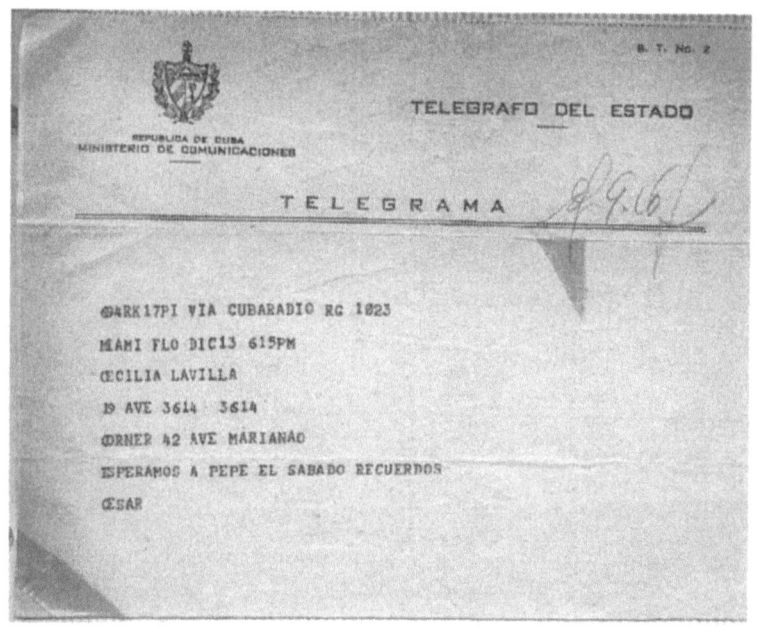

Telegrama anunciando el día para la infiltración/exfiltración.

JUANÍN PEREIRA Y VARELA

P. Amando Llorente, S.J.[1]

Interrumpir un momento, el silencio de los Ejercicios Espirituales, para hablar de Juanín Pereira, en el aniversario de su muerte, no es apartarse en lo más mínimo del fin de los Ejercicios, porque Juanín Pereira es el hombre que supo interpretar a cabalidad ese ideal de los Ejercicios Espirituales. Todo lo contrario, yo creo que ha de ser, para mí, la mejor y más provechosa meditación en estos Ejercicios, porque fue «El hombre», que después de controlar perfectamente todas sus aflicciones, como dice San Ignacio, «logró llegar a la más alta cima de la perfección.

Juanín Pereira

Cuando lo bautizaron, le pusieron por nombre Juan; pero todos los que lo conocíamos le teníamos que llamar Juanín. Porque era la primera cualidad de ese carácter admirable, el tener que ser querido; el afecto que despertaba donde quiera que llegaba; el cariño que a la fuerza había que cogerle, envuelto en una mezcla de admiración extraordinaria, y de cariño de niño, dada la ingenuidad de su alma, tan limpia y tan candorosa.

Pero para ser querido, como era Juanín Pereira, hacía falta tener dos cualidades muy difíciles: Una, el vivir nada más que para los demás, la servicialidad. La falta total de egoísmo, el vivir para los otros.

Juanín nunca pensó en él; era un problema hacerle recapacitar que alguna vez tenía que pensar en él, hasta en sus estudios, siempre tenía que haber alguien que estuviera a su alrededor, a quien poder hacer

---

[1] Palabras pronunciadas por el Padre Amando Llorente, S.J., en la Misa ofrecida por Juanín Pereira en el primer aniversario de su muerte, 17 de diciembre de 1961.

algún favor, a quien poder hacer algún servicio. Toda su vida estaba concebida a base de que él no contaba, de que él no importaba, de que únicamente tenía importancia su vida en cuanto sirviera a los demás.

Esa falta total de egoísmo, y esa plenitud de caridad, de entrega, de servicialidad de Juanín. Por eso era tan querido, porque todos sabían que podían llegar a él, y no era necesario llegar a él, porque él se llegaba a uno antes, para recibir todo lo que él pudiera dar.

Y para ser querido, como era querido Juanín, se necesitaba tener otra cualidad: La Humildad. Aquella humildad era la nota más destacada de su personalidad. Lo suyo no tenía importancia tampoco desde su punto de vista de que fuera mejor que lo de nadie; lo de los demás era mejor siempre, a su juicio.

Después de una jugada magnífica en un partido de baseball, tenía que disimular la jugada que hizo, que todo el mundo por otra parte tenía que celebrar.

Después de una competencia de natación, bajaba la cabeza ante cualquier alabanza por lo bien que había nadado.

Sus planos de estudiante de arquitectura, sus trabajos, los doblaba, porque no aguantaba una alabanza el alma humilde de Juanín Pereira. Sin embargo, todo lo hacía a la perfección.

Por esas dos cualidades, eran tan querido Juanín Pereira; porque era tan servicial y era tan humilde.

Juanín Pereira era un verdadero contemplativo.

Cuántas veces, en la intimidad de la dirección espiritual, me contaba Juanín, aquellas largas horas que había pasado en su viaje a España, contemplando las Rías de Galicia, a donde él decía que prefería ir muchas veces solo, para pasarse horas enteras contemplándolas porque, decía, que de nada sacaba más fruto que de ver aquellos paisajes que le unían tanto a Dios.

Todos Uds. recuerdan muy bien aquellos largos ratos que Juanín Pereira se pasaba en el primer banco de la Capilla, solo.

Cuando salía, impresionaba; tenía que haber alguna broma siempre: «Ten cuidado, Juanín, que vas a tropezar porque ya no ves lo que pisas. No te eleves tanto». Era una broma pero en el fondo todos sabíamos que era verdad; que Juanín se estaba elevando mucho, mucho, mucho.

Muchas veces se preguntaba uno, qué haría Dios con Juanín Pereira, porque realmente, era un hombre superior a las cosas de este mundo.

Su presencia, siempre inspiraba; por una parte, una alegría extraordinaria de estar a su lado y, por otra, un santo respeto a lo que es bueno, a lo que es puro, a lo que es sano.

Delante de Juanín Pereira, como delante de un niño, nunca salían espontáneas, porque desaparecían instintivamente la frase vulgar, los chistes ordinarios, la conversación inconveniente, porque delante de Juanin eso no pegaba.

Era un hombre que se veía hecho por Dios para algo superior a lo que es la vida ordinaria.

Y cuando llegó el momento en que Cuba necesitaba de todo el sacrificio de sus mejores hijos para no dejar de ser cristiana y cuando Juanín vio (él que nunca hizo profesión de alarde de patriotismo vacío) que lo que estaba en juego era la causa de Dios, los derechos de Dios, Juanín se entregó totalmente a esta causa y dio su nombre a un movimiento desde donde creyó que podía luchar por Dios y por Cuba. Y en ese movimiento, él nunca ambicionó un puesto cuando ascender a un puesto significaba sólo más entrega y más capacidad de sacrificio, Juanín iba escalando esos puestos hasta llegar al más alto, es decir, al más sacrificado, al más arriesgado.

Juanín llegó a ser el Jefe de su movimiento en el clandestinaje.

El final de Juanín Pereira fue la nota más sobresaliente de su vida y el mejor final que podía tener. Tiene hasta un paralelismo impresionante con la vida de quien él se había puesto como modelo y como único maestro, Jesucristo.

Cuando la turba rodeó a Jesucristo para matarle, Jesucristo dijo: «Si me buscáis a mí no toquéis a los otros».

Cuando la chusma miliciana rodeó a Juanín Pereira, en acto de servicio heroico, por sus hermanos y por la causa que estaba defendiendo que no era más que la de Dios, la frase que dijo instintivamente fue también la misma: «Yo soy el único responsable, los demás son inocentes»[2].

Y en el acto más grande de servicio, de sacrificio, de amor, como la corona de todo lo que él había vivido siempre como ideal de su vida, cayó allí acribillado por aquellas balas horribles que no sabían lo que habían dejado muerto sobre aquellas rocas de la costa.

No sabían lo que hacían.

Su mamá nos lo diría después llorando por teléfono: «no sabían que mataban un santo».

Como cuando apedrearon a San Esteban, los hechos de los Apóstoles nos dicen que San Esteban decía: «No saben lo que hacen». Cuando murió Cristo en la Cruz fue la excusa que puso al Padre también para que el castigo fuera menor: «Perdónales porque no saben lo que hacen».

Y yo estoy seguro también que, como San Esteban, Mártir, Juanín antes de morir, además de tener ese sentimiento de perdón, vio también los cielos abiertos, y a Jesucristo que venía con los ángeles a recibirlo. «Veo los cielos abiertos y a Jesucristo que vino a recibirme».

Celebremos hoy el aniversario de su muerte. Como los primeros cristianos, como la Iglesia siempre en los días de sus Santos, lo celebran el día de la muerte, y así dice: «El nacimiento para el Cielo de San Fulano de tal». Hoy fue el nacimiento para el cielo de Juanín Pereira.

Yo no puedo, sería forzar inútilmente la intención y la voluntad, de pedir esta misa por Juanín Pereira porque no tiene sentido. Yo esta

---

[2] El Padre Amando Llorente, S.J., basó una parte de su sermón en la primera versión que se recibió sobre la muerte de Juanín. Su madre, Aurelia Varela, despertó en la madrugada del 17 de diciembre llorando porque había visto morir a Juanín. Según el sueño de Aurelia, Juanín se había responsabilizado de toda la operación liberando de culpa a los que lo acompañaban lo que provocó el tiro del miliciano que lo mató. La realidad no se ajusta exactamente al sueño. Efectivamente, Juanín murió ese día y a esa hora, pero fue causado por un tiroteo que se desarrolló en el lugar. «Hay una version de que al llegar las milicias castristas, Juanín estaba detrás de un árbol y al darse cuenta que estaban rodeados, intentando proteger y salvar a sus companeros, avanzó hacia los milicianos disparando la Carabina M1; varios milicianos le ripostaron y murió acribillado.» (*N. del E.*).

misa la ofrezco a Juanín y pido por sus padres.

Esos padres admirables que, sin haber nacido en Cuba, no escatimaron nunca el sacrificio de todo lo que tenían, pues todo lo que tenían se llamaba «Juanín» y lo ofrecieron por Dios y por Cuba.

Esos padres admirables que en lugar de oponerse intransigentemente a lo que su hijo quería, fueron ascendiendo con él, compenetrándose con sus ideales, y este fue otro de los grandes méritos de Juanín Pereira, haber hecho que sus padres fueran viviendo con él los ideales que él tenía.

Esos padres admirables que, después de haberlo perdido en la tierra, lloran... pero guardan en el corazón su gratitud para todos los que conocimos y quisimos y seguimos, naturalmente, queriendo a Juanín. Nunca jamás ha pasado por su cabeza el culpar a sus compañeros, culpar a nadie, de que Juanín tuviera esos ideales, sino al contrario, quieren a todos aquellos que tenían los ideales de su hijo.

Esos padres admirables que a la tristeza que hoy hay en Cuba tiene que añadir la tristeza de su soledad absoluta, de no poder siquiera hablar en alta voz de lo que era su hijo.

Por esos padres sí hay que pedir hoy. La misa la tenemos que ofrecer por ellos, para pedirle a Juanín que le conceda a sus padres el que sigan viviendo a plenitud ese ideal por el que él ya está en el cielo, para que les siga dando esa fortaleza, ese valor, esa fe, esa seguridad de que un día han de seguir unidos con él eternamente en el cielo.

Y para nosotros, agrupados, yo les aseguro a ustedes que si durante los 30 años que existe la Agrupación no hubiera logrado más que esto, contribuir a que se produjera un Juanín Pereira, ya había hecho bastante. Y en cuanto a la causa de Cuba, creedme también otra cosa: ni toda la ONU, ni toda la OEA, ni todos los ejércitos del mundo juntos pueden mover en pro de la causa de Cuba lo que la sangre de Juanín, la más pura que se ha vertido nunca en Cuba, es la que más puede mover a Dios para resolvernos el problema.

La sangre de Juanín Pereira es el argumento más fuerte.

La muerte monstruosa de Juanín Pereira es la palanca más fuerte que podemos mover nosotros, para que él delante de Dios, actúe de tal manera que Dios le de a Cuba todo aquello por lo cual murió Juanín Pereira y murieron los compañeros de él; todos los que han muerto pro Cuba y, en concreto, hablando entre nosotros, todos los agrupados que con estos mismos ideales uno tras otro han ido cayendo sobre la tierra de Cuba.

Esta es la oración que tiene que salir de nosotros. Y por parte nuestra, un sentimiento de gratitud a Dios que nos regaló un Juanín Pereira, porque Juanín Pereira fue un regalo para la A.C.U. Juanín Pereira fue uno de esos regalos que uno tiene en la vida, encontrarse delante de un alma, que levanta a uno, que le anima a uno, que le hace ver que no todo es malo en el mundo, sino que el mundo como lo quiso Dios fue un mundo hecho de hombres como Juanín Pereira.

Y que es el pecado, y que son nuestras pasiones, no controladas, las que hace un mundo tan malo como el que nos rodea.

Porque si todos los hombres controlacen sus pasiones y tuvieran un alma, como Juanín Pereira logró tener la suya, este mundo sería un paraíso en la tierra.

Es admirable, como dice «la Sagrada Escritura», el ejemplo de esos jóvenes que muertos en la juventud han llenado toda una vida. «Consummatus in brevi explevit tempora multu».

Son esos hombres, que terminados muy jóvenes, llenaron su vida tan perfectamente que es como si hubieran vivido cientos de años. Acumularon tanta virtud en tan pocos años «que son la vergüenza», dice la Sagrada Escritura, «de los que viven mucho sin hacer nada».

Insisto una vez más, porque me parece una obligación mía y de todos nosotros, en que esta misa la ofrezcamos de un modo especialísimo por sus padres. Yo sé que ellos hoy estarán también oyendo su misa en un rincón de la Isla, sin poder decir a los que los ven que lloran, quiénes son y por qué lloran.

Porque es un pecado en Cuba hoy ser el padre de un Juanín Pereira.

¡Qué mala debe ser una revolución que mata hombres como Juanín!

¿QUIÉN FUE PARA MÍ?

Emilio Martínez Venegas

Conocí a Juan Pereira Varela en la Agrupación Católica Universitaria. Aunque más joven que yo su presencia no podía resultar inadvertida por su gran participación en las actividades de apostolado de la ACU. Pasaba muchas horas trabajando como maestro en escuelas para personas pobres y recuerdo que una de sus principales tareas era la de colaborar con el Buró de Información y Propaganda (BIP), dirigido por el Dr. René de la Huerta, que se encargaba de publicar los famosos «folletos» que en una forma condensada y amena, pero muy racionalmente estructurada, presentaba temas sobre principios del catolicismo aplicados a la vida real.

Lo que, a mi juicio, constituía lo más sobresaliente de su personalidad era su forma de conducirse siempre con mucho respeto y educación, su nobleza y su gran devoción como joven católico al estilo de los agrupados sin el más mínimo asomo de «mojigatería». Todo lo contrario, era alegre, deportista y de buen carácter lo que le facilitaba llevarse bien con sus compañeros. En resumen, era un agrupado ejemplar.

Lo que jamás sospeché que también se iba a destacar como un líder en la lucha contra la tiranía de Castro. Sin embargo, estaba seguro que él no iba a mantenerse ajeno a la levadura revolucionaria que estaba fermentándose en la ACU contra el comunismo castrista, esta vez con mucha más fuerza que en el enfrentamiento contra el Gobierno de Fulgencio Batista.

¿Cómo llegué a ser participante de una operación de infiltración/exfiltración del Directorio Revolucionario Estudiantil (DRE)?

En Mayo de 1961, apenas recuperado del demoledor golpe que significó la derrota sufrida en Girón, me trasladé a La Habana procedente de Camaguey donde había estado operando como telegrafista y segundo jefe de un Team de Infiltración de la Brigada 2506. En cuanto llegué localicé al P Amando Llorente S.J. y, gracias a su ayuda, pude asilarme en la Embajada de Venezuela.

Después de 6 meses sin que se me otorgara el salvoconducto necesario para poder salir de Cuba y sabiendo yo que continuaban las infiltraciones y exfiltraciones de combatientes, se me ocurrió un plan para salir de la Embajada y viajar a USA clandestinamente por vía marítima. Nos comunicamos con los miembros del Movimiento de Recuperación Revolucionaria(MRR) que me avisaron de la fecha que esperaban un viaje por mar. Y el día 10 de Noviembre de 1961, con la ayuda de María Comella (Q.E.P.D.)[1], salí de la Embajada de Venezuela escondido en el maletero de un auto con placas diplomáticas. Esa misma noche fue el intento de salida por la playa de Jibacoa que no pudo realizarse porque fuimos descubiertos por milicianos que patrullaban la zona.

Pude, con una marcada ayuda de la Divina Providencia, escapar del área pero no me fue posible regresar a la Embajada por lo que tuve que esconderme en casas de familiares y amigos hasta que me enteré de una operación organizada por el Directorio Revolucionario Estudiantil. En ese momento Juanín era el Coordinador del DRE y autorizó, por una gestión de Aida Roqueta,[2] que me incluyeran en el grupo que se iba a exfiltrar en esos días para Miami.

El 16 de Diciembre en la mañana, de acuerdo con las indicaciones recibidas, me llevaron a la casa de Julito Hernández Rojo. Desde allí fuimos transportados (Luis González Marsilio y yo) en un jeep militar por un oficial del Ejército Rebelde al que llamaban «Chicho» que trabajaba en el Capitolio en una oficina del INRA a las órdenes de Antonio Núñez Jiménez y que nos dijeron era de absoluta confianza.

---

[1] María Comella que pudo asilarse después de la prisión y fusilamiento de Rogelio González Corzo (Francisco) con quien trabajó directamente en el clandestinaje. Ella hizo previamente las gestiones para que pudiera salir en el auto de una Embajada. Ya en la calle me recogió Alejandro Borbolla, mi compañeo de Belén.

[2] Aida (Illa) Roqueta: Colaboraba muy activamente con el DRE y con Juanín. Tía de Alejandro Borbolla éste le pidió me escondiera en su casa donde estuve hasta el día de mi segundo intento de viaje.

Con nosotros iba Ángel Hernández Rojo.[3]

Durante el viaje paramos dos veces en tiendas o bodegas de campo, para comprar algunas cosas, no recuerdo si algo de comer, cigarros o refrescos. En mi opinión fue un riesgo innecesario.

Por fin, alrededor de las cuatro de la tarde llegamos a un lugar llamado La Vallita donde había otra tienda y nos esperaba un camión del organismo estatal Viviendas Campesinas. Nos montamos en él y después de unas dos horas de camino nos encontramos a un campesino llamado José Joaquín Rivadulla Valdes[4] que nos estaba esperando y que a partir de ese momento fue el guía del grupo. Descendimos del camión y comenzamos a caminar hasta que nos detuvimos al lado de una cerca donde se excavó. A muy poca profundidad había envueltas en bolsas de nylon unas granadas que estaban en aparente mal estado, supongo que por la humedad. No obstante, las recogimos y seguimos avanzando hasta llegar a unos mangles junto al inicio de un estrecho canal donde había un bote pequeño. Por supuesto eso no era mar abierto. Nos acomodamos como pudimos entre los mangles. Como a la media hora me invitó Juanín a ir con él, Ángel y Rivadulla en el bote. El canal era lo que llamaban los campesinos un estero con muy poca profundidad por el que fuimos hasta llegar a la desembocadura a una distancia de 200 o 300 metros en una especie de bahía donde comenzaba el mar. El bote no tenía remos sino una vara larga que nuestro guía Rivadulla apoyaba en el fondo del canal para impulsarlo. Después de unos minutos observando el lugar regresamos pues la idea era reconocer el área ya que, por lo que escuché, tenían a la hora

---

[3] A. Chicho: Felix y Rolando relatan que días antes de la operación un oficial del Ejército con la edad y aspecto de Chicho y que conducía un jeep se retrató con ellos y con Hernández Rojo en esa área y nunca vieron las fotos. Es actualmente uno de los sospechosos de la delación.

B. No estoy seguro si además de los nombrados viajaron con nosotros en el jeep Juanín y Carmelo.

[4] Rivadulla, el guía que conocía la zona, apresado con nosotros, fue puesto en libertad después del primer interrogatorio en el G2. En ese momento consideramos había sido el delator

señalada que volver para desde ese punto hacer señales a los que venían.

A partir de ese momento solamente quedaba esperar y fue cuando Ángel se separó de nosotros diciendo que iba a chequear si todo estaba bien pues dos de sus empleados estaban en el camión y otro apostado haciendo guardia lejos de nosotros.

Los que nos quedamos en el sitio fuimos Juanín, Carmelo González del Castillo, Luis González Marsilio, Rivadulla y yo. Después de un rato Juanín nos dijo que íbamos a hacer guardia de dos en dos para que pudiéramos descansar hasta el momento que llegara la lancha. La primera guardia la hicimos por una hora Marsilio con la pistola y yo con la carabina M1 y teníamos unas granadas al alcance nuestro. Esa guardia más bien era para detectar cualquier inconveniente que pudiera surgir como campesinos, animales, ruidos pero no para prevenir una incursión de la Milicia pues se hacía a unos 10 o 15 metros de donde estaba el resto. Supuestamente los que tenían a su cargo nuestra seguridad eran Hernández Rojo y Walter Garrido situados lejos de nuestro «campamento». Cuando terminamos nuestro turno le entregué la carabina a Juanín y Carmelo se hizo cargo de la pistola. El resto (Marsilio, Rivadulla y yo) estábamos sentados o acostados en el terreno arenoso entre los mangles cuando, a las dos o tres de la madrugada, primero sentimos ruidos en la maleza en las proximidades de nosotros y a los pocos segundos un nutrido tiroteo. Inmediatamente muchos gritos e insultos y por todas partes se aproximaron a nosotros, nos rodearon y encañonaron. Alguien gritó «está muerto». Cuando momentos después nos unieron a Carmelo, sentí una fuerte emoción pues, si no nos estaban mintiendo, era Juanín el que había caído.

El único que escapó fue Ángel Hernández Rojo que, según comentarios de amistades de Félix y Rolando, caminó hasta el poblado más cercano donde pudo tomar un auto de alquiler y huir hacia La Habana. Ninguno de nosotros pudimos ver como asesinaron a Juanín. Cuando me pasaron junto a él, aprovechando la luz de las linternas de mis custodios, solamente pude ver su cara que tenía un disparo en la frente.⁵

Nos registraron para ver si teníamos armas, nos quitaron los documentos, nos amarraron con sogas manos y pies y nos pusieron sentados o acostados en la tierra hasta el amanecer.

La noche anterior Félix y Rolando, tripulantes del camión, cuando nos dejaron avanzaron unos kilómetros por la carretera parqueando el camión en el costado y durmieron a ratos. Ellos no escucharon los disparos ni sospecharon lo que sucedía (podían haber escapado por esa misma carretera). Un poco antes de las 6 am iniciaron su regreso hacia el mismo lugar pues tenían instrucciones de recoger a esa hora a los que supuestamente habían llegado. No obstante, mientras se acercaban fueron interceptados y apresados. Walter, que portaba una ametralladora Thompson, como estaba fuera del cerco pudo escapar en la noche, pero al amanecer salió al camino para ir más rápido y cuando se dio cuenta tenia a los milicianos castristas apuntándole con sus armas desde la maleza.

Después que los milicianos se apoderaron del camión nos reunieron con Félix, Rolando y Walter Garrido Arguelles.

Todo esto estaba siendo observado por un grupo de militares algunos de los cuales por lo que hablaban, su aspecto más atildado, no estar tostados por el sol y con uniformes relucientes presumimos eran del G2 de La Habana.⁶

Nos montaron en la cama del camión y nos obligaron a sentarnos frente a los soldados con sus armas apuntándonos a nosotros.⁷

---

⁵ Hay una versión, según le dijeron a Félix Valdés, que al llegar las milicias castristas Juanín estaba detrás de un árbol y al darse cuenta que estábamos rodeados, intentando salvar a los otros, avanzó hacia los milicianos disparando la Carabina M1 y al ripostarle varios milicianos, murió acribillado por las balas enemigas.

⁶ Amistades de Rolando y Félix les dijeron a sus familiares semanas después que en ese operativo participaron, entre otros, los oficiales Orlando Fernández, Zambrana y el «Chino» Yong de la Seguridad del Estado de Pinar del Rio que siempre colaboraban en los procedimientos del G2 de La Habana.

⁷ Cuando terminamos de subir al camión y nos sentamos contra la baranda derecha del mismo uno de los oficiales se dirigió al grupo de nosotros y preguntó : ¿»Tu estudiaste en la Universidad de Villanueva?» como nadie se dió por aludido y no le respondimos el individuo agregó: «Tú, el del jacket amarillo», (era yo); contesté: ¿»Yo?» «Tu mismo no estuviste en

Unos minutos más tarde partimos para el G2 de Pinar del Río. Al llegar nos metieron en varias celdas y entre los muchos que nos vinieron a ver como si fuéramos animales extraños estaba su jefe el entonces Capitán Antonio Llibre.

Pasadas las seis de la tarde nos montaron en un camión «jaula» que nos llevó a 5ta.y 14 sede del DSE en Miramar.[8] Alli se iniciaron los interrogatorios:

> Al llegar a 5ta. y 14 nos situaron a todos en un local que había sido la enfermería de esa prisión. La norma en estos casos es no permitir que los arrestados estén juntos en ningún momento hasta que pasen los interrogatorios. Lo que nos ocurrió se puede explicar como un error producto del hacinamiento que tenían las galeras del G2 en esos momentos o a que entre nosotros había una persona que les iba a informar de nuestras conversaciones apresuradas para ponernos de acuerdo, en hacer declaraciones coincidentes cuando nos interrogaran, lo que nos llevaría a hablar de determinadas situaciones que habría que ocultar, etc. Sin embargo, nada de esto ocurrió pues las únicas dos personas que sabían de la operación, una estaba muerta y la otra desaparecida. Y los demás no nos conocíamos entre sí y ni siquiera sabíamos los nombres y procedencia de los demás. (Si fue la segunda opción ver arriba la nota # 4).
>
> Posteriormente, ya ubicados en galeras diferentes, estuvimos durante casi 60 días sometidos a interrogatorios y al final

---

Villanueva?» y le respondí «No». Pensé iba a seguir insistiendo o cuando llegara a La Habana me buscaría en una de las memorias de la Universidad (sabía que el G2 las usaba para verificar nombres, datos y obtener fotos dado el gran por ciento de contrarios al Régimen que habían estudiado en colegios y universidades católicas) pero contra toda lógica y gracias a Dios no me hablaron más del tema.

[8] Félix nos recordó que en el traslado a la Habana nos llevaron primero al Cuerpo de Guardia de la Cabaña y posteriormente nos trasladaron en el mismo transporte hasta los fosos al lado del Paredón de Fusilamiento. Unos instantes después llegó un carro del G2 y uno de los tripulantes ordenó, en alta voz, que nos llevaran a la sede central de la Seguridad del Estado en 5ta y 14.

trasladados a la prisión de La Cabaña donde fuimos juzgados el 5 de Junio de 1962. Nos presentaron acusaciones de sabotaje y terrorismo siguiendo las órdenes de la CIA alegando que todos estábamos armados (éramos 6 y solo había 3 armas) y que hicimos resistencia disparándoles. Nos hicieron una petición fiscal de 30 años y las sentencias fueron de 20 años de privación de libertad con las accesorias correspondientes. Por fin, el 10 de Octubre de 1962 terminó nuestra estancia en la Prisión de la Cabaña donde teníamos el triste privilegio de oír las descargas de fusilería y hasta los tiros de gracia cuando fusilaban a nuestros hermanos por el «delito» de querer una Cuba libre, democrática y sin la presencia del comunismo. En esta fecha fuimos trasladados por vía aérea hacia Isla de Pinos donde a los pocos días viviríamos la zozobra de la Crisis de Octubre y la posibilidad que la dinamita que teníamos debajo de los edificios fuera hecha explotar.

En el futuro nos aguardaba el enfrentamiento contra el Plan de Trabajo Forzado con su secuela de muertos y abusos de todo tipo. Y por fin, en el 1967, aunque no terminaron nuestras vicisitudes, se cerró el Presidio de Isla de Pinos y fuimos trasladados a distintas partes de la Isla Grande».

EPÍLOGO

Cuando tuve un tiempo para pensar cómo iba a tratar de mantener mi falsa identidad evitando un seguro fusilamiento partí de la base que yo iba a ser identificado, más tarde o temprano, por mis huellas digitales pues como había tenido pasaporte cubano sabía que mis huellas estaban registradas. Lo que no conocía era que en esos tiempos, y especialmente en Cuba, no era nada fácil el cotejo de las huellas. Basado en mi erróneo análisis me dispuse a seguir con mi nombre falso hasta que Dios quisiera y con el firme convencimiento que sólo por un milagro podría salvar mi vida. A mi favor tenía la ventaja que, el único que me conocía del grupo era Juanín. Aunque hubiera estado vivo tenía la seguridad que no iba a revelar mi verdadera identidad. Los demás me conocían, en las pocas horas que habíamos compartido, con mi falso nombre de Ernesto Guerra Vidal y mi historia de que una señora conocida de mi familia había gestionado con el que había muerto, que me incluyeran con un grupo que se iba del país y como yo estaba desesperado por reunirme con mi esposa que estaba en Miami y no conseguía la visa, sin pensarlo mucho acepté la arriesgada oferta. Con el transcurso de los meses Carmelo, Luís, Rolando, Félix y Walter demostraron su firmeza, honestidad y valentía y formamos un grupo muy unido como si nos hubiéramos conocido de toda la vida.

Y Dios permitió que esta situación se prolongara por 10 años en los que mi madre me visitaba como mi supuesta madrina. Y los antiguos amigos que veía en las visitas o estaban presos conmigo, o tenían que acostumbrarse a llamarme «Ernesto».

Por el contrario, a mis compañeros de causa y a los nuevos amigos que iba adquiriendo en la cárcel todo les era más fácil pues para ellos nunca había existido un «Emilio».

ACLARACIÓN FINAL

Como una prueba adicional de la manipulación de la justicia cubana por parte de la Seguridad del Estado debemos citar que en la radicación de la Causa 58:

A. No se mencionó el asesinato de Juan Pereira Varela (Juanín).
B. No se mencionó que fue detenido, y varias semanas después liberado, José Joaquín Rivadulla.
C. No se mencionó a Ángel Hernández Rojo que sabían era el Jefe de Transporte de Viviendas Campesinas, había estado ese día con nosotros, pudo fugarse, no se reintegró a su trabajo y finalmente se asiló en la Embajada de Argentina.

AGRADECIMIENTO

Debo aclarar que este relato se ha podido estructurar gracias a la cooperación de mis compañeros de la Causa # 58 de 1962 del Tribunal Revolucionario de la Habana, Rolando Fernández Fuentes y Félix Valdés Cabrera, ya que mi recuento de lo ocurrido tenía múltiples lagunas.

Lamentablemente, Carmelo González del Castillo y Luis González Marsilio ya fallecieron y Walter Garrido Arguelles que vivía en el area de N.York / N. Jersey no pudo ser localizado a pesar que la Asociación de Ex Presos Políticos preguntó a sus miembros en el área.

Septiembre 7 del 2011

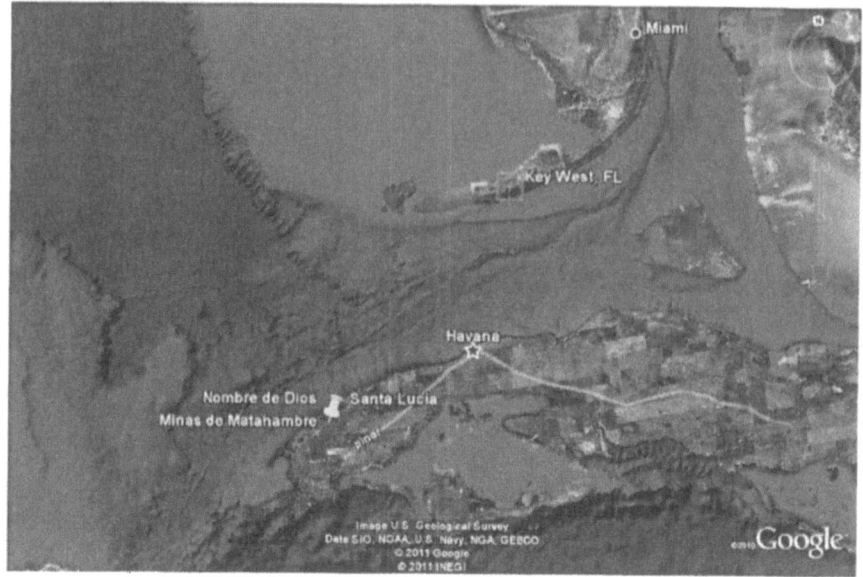

Foto de satélite de la zona donde mataron a Juanín

Santa Lucia y Nombre de Dios[9]:

Nombre de Dios es una playita y caserío que está en la ensenada del mismo nombre donde desemboca un río (arroyito ahora) del mismo nombre y está a unos 80 km. de Matahambre, de donde tienes que ir primero a Santa Lucia (puerto y pueblecito a 35 km) y después coger una carretera mucho más mala para Nombre de Dios donde te vas a encontrar un caserío que te recordará los antiguos pueblos de las películas del oeste abandonados. De La Habana serán alrededor de 300 km...

---

[9] Esta descripción fue dada a Tomás Fernández-Travieso por un amigo que fue vecino de la zona.

AL TRIBUNAL REVOLUCIONARIO DEL DISTRITO DE LA HABANA.

EL FISCAL, viene por medio del presente escrito a tenor de lo dispuesto en el Artículo 70 de la Ley Procesal de Cuba en Armas, a presentar la causa número 58 de 1962, de la radicación del Tribunal Revolucionario del Distrito de la Habana, instruida por delito contra "Contra la Integridad y Estabilidad de la Nación" y a formular, con carácter de provisionales, las siguientes:

CONCLUSIONES

PRIMERA: Que los procesados Walter Garrido Arguelles, Ernesto Guerra Vidal, Luis F. González Marcilio, Carmelo H. A. González del Castillo, Rolando Fernández Fuentes y Félix Vargas Cabrera, formaban parte de un grupo de conspiradores que venían operando en nuestro país bajo la dirección y orientación política del Departamento de Estado de los Estados Unidos de Norte-América, y sus Organismos de traición y espionaje la Agencia Central de Inteligencia (CIA), siendo los mismos en su mayoría coordinadores y dirigentes de distintas organizaciones contrarevolucionarias, que desarrollaban activa campaña de terrorismo y sabotajes que les eran suministrada, las materias inflamables y explosivos, por dicha Central de Inteligencia Yanqui, todas dichas actividades persiguiendo el fin de todos conocido, que no es otro que tratar de derrocar nuestra Revolución Socialista, por medio de la violencia; parte de dichos procesados pretendían abandonar el país, por saberse chequeados y conocidos de las autoridades Revolucionarias, y a su vez dirigirse hacia el extranjero para formar parte de los contingentes de mercenarios que son entrenados en dicho país; dichos procesados pretendían recibir en cierta embarcación venida del extranjero armas y pertrechos y a su vez en la misma abandonar nuestras costas, por un lugar de la costa norte de la Provincia de Pinar del Río, conocido por Santa Lucía, teniendo situado un camión cerca del lugar donde fueron por el mismo llevados, habiendo sido detenidos en dicho lugar, no sin antes hacer resistencia a las Autoridades disparando con armas de fuego que portaban; al procesado Walter Garrido le fue ocupada una ametralladora Thompson cal.45 con cinco magazines, una granada de fragmentación, al procesado Guerra Vidal se le ocupó una carabina M-1, al procesado González Marcilio un traje verde olivo, así como una carabina M-1 y al procesado González del Castillo un uniforme verde olivo y una pistola de 9 mm.

SEGUNDA: -Que los hechos anteriormente relacionados revisten los caracteres de delito "Contra La Integridad y Estabilidad de la Nación" previsto y sancionado en el artículo 128 del CDS, tal y como quedó modificado por la Ley 425 de 1959.

TERCERA: -Que las personas responsables del expresado delito, en concepto de autores inmediatos, por haber tomado parte personal en la ejecución de los hechos, son las mismas que aparecen consignadas en la primera de estas conclusiones.

CUARTA: - No ocurren circunstancias modificativas de la responsabilidad criminal.

QUINTA: -Que la sanción en que han incurrido los procesados y que deberá serle impuesta por éste Tribunal, es la de TREINTA AÑOS DE RECLUSIO con las accesorias correspondientes.

LA PRUEBA, de que intenta valerse éste Ministerio Fiscal, en el acto de juicio oral, es la siguiente:
a) Confesión de los procesados, si a ellos se prestaren.
b) Testifical de las siguientes personas que deberán ser citadas judicialmente: 1) Manuel García Alvarez
2) Angel Aguilar Martínez

Teniente Fiscal

La Habana, 5 de Junio de 1962.

Petición del Fiscal de la Causa 58/1962 en que resultaban acusados los compañeros de Juanín que fueron hechos prisioneros.

Causa No.58 de 1962 del Tribunal Revolucionario del Distrito de La Habana, por Delitos contra la Integridad y Estabilidad de la Nación.-

Fueron sentenciados:-

Walter Garrido Arguelles.
Ernesto Guerra Vidal.
Luis Patricio Gonzalez Marcilio.
Carmelo Héctor Antonio Gonzales y del Castillo
Rolando Fernandez Fuentes
Felix Valdés Cabrera.

Que formaban parte de un grupo de conspiradores que venían operando bajo la orientación y dirección del Departamento de Estado de los Estados Unidos de Norte América, y su organismo la Agencia Central de Inteligencia (CIA), siendo los mismos, en su mayoría coordinadores y dirigentes de distintas organizaciones revolucionarias, y desarrollaban campañas de terrorismo y sabotaje, con materiales que les suministraba la CIA; y que parte de dichas personas pretendían abandonar el País por saber que estaban checueados y esperaban cierta embarcación que venía del extranjero con armas y pertrechos, y a la vez embarcar en la misma con rumbo al Norte; y en un lugar de la costa Norte de Pinar del Río, conocido por Santa Lucía, estando junto a un camión, fueron detenidos, haciendo resistencia y disparando sus armas; habiendosele ocupado al Sr. Walter Garrido una ametralladora Thompson Cal.45 con 5 magazines una grabada; y a Guerra Vidal una carabina M-1, al procesado Gonzalez Marcilio un traje verde oliv y una carabina M-1 y a Gonzalez del Castillo un uniforme verde olivo y una pistola de 9 mm. y también a Guerra Vidal se le ocupó una copia de la sentencia dictada en la causa 1154 del Tribunal Revolucionario de Matanzas dictada en el mes de Diciembre de 1961.

Condenados a 20 años y cumpliendo la sanción en el Recluscrio de Isla de Pinos.

SU ANDAR POR EL MUNDO

Ricardo Menéndez

Conocí a Juanín durante un tiempo relativamente breve (alrededor de tres años) mas su persona dejó una huella duradera en mi vida, en parte por la intensidad de la época que compartimos y en parte por las características de su personalidad. Vivió una vida admirable aunque muy breve y nunca lo encontré confundido ni derrotado, aún en los peores momentos.

Su muerte fue repentina pero no inesperada (la opción siempre estuvo en el bombo para todos). Llegó demasiado pronto y truncó una vida llena de promesas. Pero también segó una sigilosa transformación de su personalidad. En los meses transcurridos después de abril (del '61) Juanín experimentó una creciente transformación que se me hizo más evidente en las semanas previas a su muerte. Progresivamente se hizo más reservado, observador, metódico. Los diálogos entre nosotros se hicieron significativos, «eficientes». No había lugar ya para pláticas. Hay un proverbio árabe que dice «Si lo que vas a decir no es más bello que el silencio, no lo digas», que en este caso sería «Si lo que vas a decir no es más *relevante* que el silencio, no lo digas». Los momentos que vivíamos eran serios y se desechaban los temas irrelevantes.

Esa reserva no era timidez y mucho menos inseguridad, más bien una forma de evitar la dispersión y administrar mejor su energía espiritual. Detrás de esa actitud que he calificado de reservada había una inteligencia más intuitiva, una comprensión más sagaz y un talento para acoplar hechos dispares en conclusiones operativas. Lo recuerdo intenso como arco tensado: vigilante, alerta, y al mismo tiempo cauto.

Esta transformación ha sido recogida repetidamente en las novelas de formación (*bildungsroman*) y todas tienen la peculiar característica de que la evolución del protagonista se hace más importante que la aventura que lo envuelve, por muy fantástica que ésta sea. Las últimas semanas de Juanín me revelaron esta transformación que en literatura sirve de metáfora para el desarrollo del héroe y que ha sido calificada de «iniciación». Este cambio prometía el desarrollo de un dirigente de talla, transformación que quedó truncada con su muerte.

Quisiera finalmente recordar a sus padres (Aurelia y Juan) porque la relación entre ellos y su hijo fue muy singular. Hijo único en una familia pequeña, muy unida y de recursos limitados, Juanín era todo para ellos. En particular tenía una relación muy especial con su madre, una relación cariñosa y de una ternura notable que presencié repetidamente cuando la madre lo mimaba. Posiblemente los padres ya nos hayan abandonado (no sé qué ha sido de ellos) pero los últimos años de ambos debieron de haber sido muy dolorosos, desolados y sombríos porque indudablemente Juanín era el centro de sus vidas.

MI AMIGO APÓSTOL

Martín Morúa

Aunque Juanín pasó conmigo a Congregante en 1959, él y yo nos movíamos en círculos diferentes, por lo cual no sabía mucho de su vida, excepto que era un ferviente católico y con mucha atracción a lo litúrgico de nuestra religión.

Mi memoria está casi anulada por mi vejez y porque he vivido lejos de Miami desde el 1963, donde a menudo se habla mucho de los tiempos pasados, manteniendo de esta forma más vivos los recuerdos de aquellos perdidos en ese período histórico de los cubanos. Por tanto, aunque mi admiración por Juanín es inmensa, no tengo mucha información histórica de Juanín que pudiera relatarles.

En cuanto a sus actividades revolucionarias, yo creo que no supe de su involucración con el DRE hasta después que empecé a esconderme (marzo 1961), cuando el G-2 confundido, encarceló erróneamente a mi padre pues teníamos el mismo nombre. Una vez asilado, tuve algunas pocas visitas en la embajada, lo cual me mantenía pobremente en contacto con el mundo exterior. No me acuerdo si fue el R.P. Arvesú, S.J. (Fico) o mi suegra Ofelia (hoy ambos en el cielo) los que en una visita a la embajada de USA (Suiza), me contaron de Hans Gengler y de Juanín y de sus actividades en el DRE. Eso fue todo lo que supe de Juanín como revolucionario. No supe de su muerte hasta que llegué a Miami el 23 de diciembre de 1961.

El «círculo» de Juanín, en la ACU era más joven que el mío. Yo me uní a la ACU sin educación católica alguna, y me tomó 2 años para pasar a congregante lo que le debo al R.P. Barbeito y al R.P. Llorente, los cuales tomaron esa «misión imposible» en sus manos.

Los amigos de Juanín, eran de una y dos promociones más jóvenes que mi promoción de graduados de Bachillerato. Por edad, yo debí haber pasado a congregante con Maderal, Incera, Busot, etc pero por lo anteriormente explicado yo pasé a Congregante después.

Recuerdo haber visto a Juanín frecuentemente en grupos con Ronnie Ramos, Carlos Bravo, Emilio Brito (hoy en día un Padre Jesuita y reconocido teológo), Joaquín Martínez de Pinillos, etc.

Como Juanín y yo, los dos fuimos parte del DRE, y miembros del mismo grupo de congregantes de la ACU, yo creo que Cecilia la Villa de Fernández-Travieso piensa que Juanín y yo estuvimos mas entrelazados de lo que estuvimos, por lo cual me pidió que escribiera acerca de él en este 50 aniversario de su muerte.

La memoria más fuerte que tengo de Juanín es que por mucho tiempo, él y yo asistimos a diario a la Misa de 7 am en nuestra Capilla de la ACU. Una vez fuera de la Capilla, me impresionaba su naturaleza callada y hasta cierto punto aislado. Siempre lo vi interesado en la Liturgia y hubiese «apostado» que él estaba en un proceso de preparación para poder entrar a un seminario; posiblemente Jesuita.

A veces, en las tardes, se nos unía a jugar cancha (raquet ball) y no recuerdo haberle ganado nunca, lo cual no me extraña por su figura física fuerte y atlética y porque nunca yo fui muy bueno en ese deporte. A diferencia de otros con quien jugaba, Juanín nunca hizo alarde de haberme ganado, demostrando de esa forma su natural humildad.

Otra buena impresión de Juanín, que el tiempo no ha borrado, es con la dedicación con que él hacía su apostolado, visitando barrios pobres donde enseñaba a los jóvenes las bases de lectura, aritmética, etc.

Desgraciadamente, no tengo mucho más que contarles de mi vida con Juanín. Sin embargo, si ustedes me exigieran encontrar en nuestro vocabulario la palabra que mejor describiera la vida del Juanín Pereira que yo conocí, no me costaría ni mucho tiempo ni mucho trabajo encontrar esa palabra; ésa es, APÓSTOL.

Como tal, ejerció una influencia en mí, que no sabría como cuantificar, puesto que él no fue el único que en esa era influenció mi vida de hoy. Debido a la ACU, he sido bendito con el conocimiento de muchos católicos que han tenido, como Juanín, una larga influencia en mi vida.

Me siento honrado y muy agradecido de esta oportunidad de expresar mi impresión y admiración por nuestro mártir en este cincuentenario de su muerte.

MIS RECUERDOS

Alberto Müller

Conocí a Juanín Pereira en las actividades de formación religiosa y moral de la Agrupación Católica Universitaria, donde juntos pasamos la preparación y el apostolado que nos harían congregantes marianos en 1959.

Desde que conocí a Juanín recuerdo su espiritualidad contagiosa, espontánea, su devoción por la Virgen, su amor a Cristo y su infinito deseo por amar y servir al prójimo.

Nuestra amistad se consolidó en los quehaceres académicos y en nuestra inquietud socio-política en la Universidad de La Habana, donde Juanín estudiaba Arquitectura.

Fundamos entonces el periódico universitario Trinchera, conjuntamente con el Gordo Salvat, Reinaldo (Rony) Ramos, María Elena Diez y Yara Borges, entre otros.

Juanín era el más entusiasta a la hora de distribuir Trinchera en los predios de la Universidad de La Habana.

Lo que más le gustaba a Juanín era distribuirlo en la misma escalinata –frente a la escultura del Alma Mater– por donde entraban y salían cientos de estudiantes diariamente.

Vivía esa actividad y así me lo dijo en más de una ocasión, como un apostolado personal de carácter social, porque implicaba conversar con los estudiantes que se solidarizaban con la línea editorial de Trinchera o la criticaban.

Ya por esta época –finales de 1959– conversábamos extensamente de temas políticos, comentábamos a fondo los temas espirituales y teológicos de los Círculos de Estudios de la ACU, rezábamos mucho el santo rosario juntos, con Ernesto, el Gordo y otros.

Al final del año nos convertíamos con orgullo y satisfacción personal en Congregantes Marianos de la Agrupación Católica Universitaria.

Nuestra amistad creció con solidez y con fuerza alrededor de los quehaceres de espiritualidad y formación religiosa en la ACU y en la inquietud política que bullía en nosotros en los predios de la Universidad de La Habana.

A Juanín le encantaba nadar, por lo que había ganado varias competencias de natación en el colegio Baldor, y eso motivaba que con cierta frecuencia nos fuéramos a la Playa de Tarará –donde yo vivía– para disfrutar de la relajación del mar y de la natación.

En estos viajes también participaban Ernesto Fernández Travieso y el Gordo, entre otros.

En esa época yo manejaba el auto Simca-Aronde de mi padre, por lo que con frecuencia recogía a Juanín o lo llevaba a su casa, ocasión para conocer a sus padres, Juan y Aurelia, siempre cariñosos y acogedores.

Si estas paradas en su casa de Buenavista, coincidían con las horas de almuerzo o comida, no había forma de irnos sin sentarnos a la mesa a comer los platos deliciosos cocinados por Aurelia, su madre.

Recuerdo con enorme agradecimiento que en los concursos de oratoria de la ACU, Juanín me ayudaba a recordar los textos y mejorarlos. Yo repetía los textos, él los escuchaba con atención, los rectificaba y me sugería ideas o frases para mejorarlos.

Juntos también fuimos varias veces a los bajos del Puente Almendares a visitar, llevarle comida, medicinas y dinero al negro Simón, un mendigo que tenía dificultades para caminar y hablar, al cual mi madre ayudaba caritativamente. Simón vivía debajo del puente en la más absoluta miseria.

También fuimos varias veces a un barrio pobre que se encontraba cerca de donde vivía Simón, que Juanín visitaba como apostolado e impartía clases a sus residentes pobres.

A principios de 1960 llegó el anuncio de la visita a Cuba de Anastas Mikoyán, vice primer ministro de la Unión Soviético, lo que comenzaba a confirmar la desviación de la revolución cubana hacia el comunismo, que el periódico Trinchera denunció desde sus páginas en la Universidad de La Habana.

Mikoyán había sido el dirigente de la URSS que había ordenado a los tanques soviéticos aplastar la revolución liberadora húngara en 1956.

Juanín fue uno, entre otros, que participó con entusiasmo en la manifestación de protesta que escenificamos un grupo de universitarios en el Parque Central de La Habana. Tuvo la suerte de no caer entre los detenidos, en esa ocasión.

Inmediatamente que pasaron los hechos del Parque Central, recuerdo que se desarrollaba la campaña del periodista Luis Conte-Agüero, desde las ondas radiales de CMQ, para que Fidel Castro definiera el carácter no comunista de la revolución cubana.

En una ocasión fui con Juanín a apoyar personalmente al comentarista radial Conte-Agüero y fuimos testigos de las turbas castristas que acosaban al periodista y a nosotros.

A las pocas semanas me parece estar viendo a Juanín muy cerca de nosotros, cuando en aquella tensa y violenta asamblea en la Plaza Cadenas, las turbas oficialistas traídas desde fuera del recinto universitario por el gobierno revolucionario y una FEU plegada a sus designios, nos expulsaban de la Universidad de La Habana a Juan Manuel Salvat, Ernesto Fernández Travieso y a mí.

Ya para el mes de junio de 1960 dejé de ver a Juanín, porque Salvat, Ernesto y yo nos refugiamos en la embajada del Perú por el acoso sistemático que recibíamos de la Seguridad del Estado. A los tres meses salimos de Cuba rumbo al exilio de Miami.

En Miami se funda el Directorio Revolucionario Estudiantil en el mes de septiembre de 1960, por voluntad de una asamblea soberana de todos los estudiantes universitarios del exilio, pertenecientes a todos los grupos políticos revolucionarios.

Uno de los acuerdos fue nuestro regreso clandestino inmediato a la isla. Juanín fue unos de los primeros estudiantes que se integró al DRE dentro de Cuba, conjuntamente con otros.

Cuando ya Salvat, Miguelón, Chilo, Tony García y otros habíamos ingresado clandestinamente a Cuba y se había organizado el Ejecutivo Nacional más todas las provincias con sus Jefes Provinciales del DRE, Juanín comenzó a trabajar con el Gordo en la Secretaría de Propaganda.

En estos primeros meses no tuve muchos contactos con Juanín, por el tiempo que tenía que dedicar a los viajes al interior, a las reuniones con los provinciales y ejecutivos del DRE y al plan de alzamiento en la Sierra Maestra, pero sabía con frecuencia por el Gordo de las actividades de Juanín.

Una vez fracasado todo el plan de la insurrección y de la clandestinidad, unido al desastre de la invasión de Playa Girón y a la falta del apoyo prometido por el gobierno estadounidense, volví a ver a Juanín en la prisión de Boniato.

Yo había pasado la experiencia de un simulacro de fusilamiento en el campamento de Las Mercedes en la Sierra Maestra y de ahí fui internado en las celdas de condenados a muerte del G-2 de Santiago de Cuba, conocido por El Castillito, donde pasé más de dos meses, entre amenazas, fríos torturantes y ratones nocturnos en la celda y espera de afrontar el paredón de fusilamiento.

Los meses en El Castillito me brindaron la coyuntura moral de despedir a varios compañeros de la lucha clandestina que fueron fusilados en Santiago de Cuba y a prepararme para el mío. Fueron dos meses sumamente dolorosos, pero de un enorme crecimiento espiritual.

De aquí me trasladan a la prisión de Boniato, donde me reúno con el grupo del Directorio que había estado alzado o vinculado con el alzamiento.

Ya en Boniato, antes del juicio, me reuní con Juanín, que con el pretexto de visitar a otro recluso, había entrado en la prisión acompañado de Bertica Kindelán.

Debo admitir que fue una alegría indescriptible, que no olvidaré nunca y que agradezco infinitamente a Dios, por el hecho de volver a ver y abrazar a Juanín por última vez.

Yo venía de meses de mucha tensión y frustración por el fracaso de todos los planes del DRE, incluido el alzamiento de la Sierra Maestra, que se unían al fracaso de la invasión de Girón y a todo el andamiaje de la resistencia que se vino abajo por la falta del apoyo prometido por los Estados Unidos.

A todo esto se sumaba la tristeza por la pérdida de compañeros inolvidables fusilados o muertos en combate, como Virgilio Campanería, Alberto Tapia Ruano (Tapita), Julio Antonio Yebra, Abelardo Aguilar, German Koch, y Marcelino Magañas, entre otros.

Por eso recuerdo aquel abrazo de Juanín, como un bálsamo inagotable y un estímulo pleno de espiritualidad, para seguir con la cruz a cuestas que nos tocaba cargar con humildad.

Sabía que nos venía un presidio largo y con ese abrazo y la conversación que sostuvimos, Juanín fortaleció en mí la convicción del sacrificio, de la entrega y de esa fe en un Cristo vivo y liberador.

Yo estaba tranquilo, pero consciente de que nos venía encima un presidio prolongado y duro, y así se lo dije a Juanín. A mi memoria salta el tema de que yo en ese momento veía muy difícil –cuesta arriba– recomponer la estructura clandestina de todos los grupos revolucionarios, incluyendo el DRE, como lo habíamos hecho antes de Girón.

Teníamos que estar conscientes de que llegaba la noche, metafóricamente en sentido de lucha para nosotros, todo lo contrario al sentido de la novela *La noche quedó atrás* de Jan Valtin, que rememorizaba hechos, traiciones, batallas. Nosotros teníamos que recomponer un tejido conspirativo, a un riesgo todavía mayor que el primerizo de 1960. Un trabajo lento y de gigantes morales.

Todo esto lo hablé con Juanín. Fue una larga conversación de reafirmaciones, recuerdos y el enorme cariño que nos unía.

Le conté la experiencia en las montañas de la Sierra Maestra, la muerte de Marcelino, el guajiro que hablaba de la Virgen, del desmontaje de los campamentos, del intento de llegar a Manzanillo, de la detención.

Él me contó de los días catastróficos de la clandestinidad y las detenciones masivas durante el fiasco de Girón, la incertidumbre.

Hablamos de nuestros padres, Juanín conocía a los míos y los quería y yo conocía a los de él y los quería igualmente.

En mi memoria recuerdo que hablamos del tema de la Secretaría General del DRE, de lo cual me alegré que recayera en Juanín por la confianza personal que tenía en él, por su capacidad y por su solidez moral. Nadie mejor que Juanín, con una fe inquebrantable, para poner sobre sus hombros una tarea de riesgos infinitos.

A los pocos meses, cuando ya me encontraba en la prisión de Isla de Pinos, recibí la triste noticia de la muerte de Juanín en una emboscada en la costa norte de Pinar del Río.

Fue una noticia demoledora moralmente que impactó mi vida para siempre, por la amistad que me unía a Juanín desde la ACU, la Universidad de La Habana y el inmenso cariño a sus padres.

Puedo confesar que algo de mí se fue con la muerte de Juanín. Así también me pasó con Virgilio, con Tapita, con Marcelino. Los hermanos que se van y nos dejan el compromiso ineludible intacto.

Perdí en Juanín a uno de mis compañeros de lucha más valioso, cercano y a un hermano inseparable.

Recuerdo que cuando obtuve mi libertad después de cumplir los 15 años de prisión, fui a visitar a sus padres, ya viejecitos y con una tristeza de vida ambos, estremecedora.

Todavía siento aquel abrazo con Juanín en la prisión de Boniato como un regalo inapreciable de Dios. Sin duda, otro de los tantos estímulos morales, que me mantienen en pie y con alegría de seguir andando por estos caminos de la Patria.

Dios tenga a Juanín Pereira en la gloria eterna y no dudo que algún día nos reuniremos nuevamente, ya en una dimensión espiritual definitivamente liberadora y para siempre.

Juanín en la ACU

SUS RELACIONES Y MIS RECUERDOS

Roberto Quintairos

Me piden que hable de Juanín pero, después de 50 años, mi memoria se me queda atrás y el recuerdo se confunde con el vacío que dejó la pérdida de alguien que admiré, respeté y quise como hermano, no sólo de lucha, sino de fe, de diario compartir y soñar.

Para mí el recuerdo de Juanín está atado a sus relaciones:

Primero: «**Su Relación con Dios**»

Era católico de convicción profunda, y practicaba su fe. No podía pasar un día sin su misa. Recuerdo la misa vespertina en Santa Rita donde muchas veces lo acompañamos, con cualquier motivo, para hablar de alguna tarea pendiente. Pienso que lo que pretendía era acostumbrarnos a ir a la Misa diaria.

Si en estos días hemos hecho Beato a Juan Pablo II, creo que nosotros también podemos tener nuestro beato en Juanín. Por otra parte siempre tuve la impresión que Juanín tenía una fuerte vocación religiosa, puesta en «alto» por los deberes de la lucha y la responsabilidad de dirigir y aglutinar al DRE después de la debacle de Girón.

Segundo: «**Su Relación con sus Padres**»

Sus padres, Juan y Aurelia, también eran personas de convicción católica y la familia vivía su fe en conjunto. El recuerdo de sus padres me duele todavía, después de 50 años. Juan, el papá, era un hombre de muy buenos modales, muy trabajador y de carácter reservado; Aurelia, la mamá, adoraba a Juanín (tal vez por ser hijo único), pero siempre tuve la impresión que lo mimaba con un amor materno muy español y lo malcriaba un poquito.

Por su parte Juanín adoraba a sus padres. Siempre pensé que los protegía de preocupaciones, con respecto a nuestras actividades, aunque estoy seguro que sabían en lo que andábamos. Los amaba mucho y los respetaba más. Tal vez presentía su final y quería darles todo el amor que podía mientras estaba con ellos. Y que no se preocuparan antes de tiempo.

Tercero: «**Su Relación con el DRE**»

Después de Playa Girón a Juanín le cayó encima la responsabilidad de la Dirección del Directorio Revolucionario Estudiantil (D.R.E.). Se acordó la estrategia de reoganizar los cuadros básicos que se habían quedado regados, pero siempre con el conocimiento que después del fracaso de Girón, la lucha iba a ser larga y difícil. Se le dio libertad a todos de seguir la lucha o retirarse. Los que quisieran ir al exilio se les daría facilidades para hacerlo, se entendían sus razones y se les ayudaría a salir. Los que quisieran seguir la lucha serían bienvenidos.

La otra meta de Juanín era preparar la entrada de los cuadros dirigentes que estaban en el exilio que tuvieron que salir por estar su seguridad en peligro después de Girón. Se empezó a buscar puntos de entrada en las costas, a chequearlos y prepararlos para una infiltración. Ya cuando eso Julio Hernández-Rojo («Julito») estaba en Miami para regresar con Juan Manuel Salvat («el Gordo») en ese viaje. Hubo varios intentos que se hicieron pero no fueron fructíferos. Mi impresión era que Juanín estaba obsesionado con lograr esta infiltración de cuadros de mayor nivel del D.R.E. para que se hicieran cargo de la dirección del Movimiento y así él descansar de la presión que pesaba sobre él. Yo conocí y viví esa presión.

Así las cosas apareció el punto de Santa Lucía en Pinar del Río,- que había sido localizado por Ángel Hernández-Rojo («el Baby»), hermano de Julito. Juanín aceptó la entrada del Gordo y de Julio por el punto de Santa Lucía y no por el otro punto que chequeábamos en ese momento entre Camarioca y Varadero, el cual fue descartado por entidades superiores.

No hubo manera de convencerlo de que fuera él al frente de la operación. El grupo dirigente, en aquel momento, le protestó su decisión, incluyendo a Ricardo Menéndez («el Chino») sin poder cambiarle su opinión. Él sería el único en ir junto con los compañeros que iban a salir.

El día escogido fue el 17 de Diciembre de 1961. Unos días antes fui a verlo a su casa y cuando llegué me lo encontré en su cuarto, sentado en la cama, junto a Hans Gengler («el alemán»), que le estaba enseñando a usar una Browing 38. Me quedé muy preocupado al ver esto, pues la preparación era muy elemental y nada práctica para el uso de un arma de fuego. Aún hoy no sé si llevó el arma en esta operación que le costó la vida a Juanín. Pero lo que sí sabemos es que no tuvo chance de usarla para defenderse aunque la tuviera consigo.

El Baby fue el que trajo la noticia de lo ocurrido y no dio muchos detalles claros de lo que pasó. Sin embargo, aseguró que Carmelo, que salía esa noche, estaba muerto de un balazo y que el grupo que iba con él estaban todos presos por la milicia que los sorprendió en la costa esperando la infiltración. Él dijo que logró escapar de una forma «milagrosa» rompiendo el cerco de la milicia. Ante el temor de que el G-2 lo estuviera buscando, desapareció de nuestro radar y partió para el exilio.

Después vino la pesadilla de decírselo a sus padres y las gestiones para recobrar el cadáver hasta que se lo entregaran a sus padres. Si mal no recuerdo, el Padre Fernando Azcárate ayudó mucho a lograr esto. Ceci debe tener mayor recuerdo de este triste episodio. Yo no fui al traslado de su cuerpo a La Habana ni al entierro alegando motivos de seguridad.

Hoy, 50 años después de la muerte de Juanín, no vale la pena hacernos reproches de nuestros errores, sólo podemos recordarlo como fue: un joven de sentimientos puros, con un enorme amor a su Dios, a sus padres y a sus compañeros de lucha.

En una sola palabra, era todo un Santo y estoy seguro que, como tal, está a la diestra de Dios Padre y de Nuestra Señora la Santa Virgen María disfrutando de la Gloria Eterna por los últimos 50 años. Y espero y deseo que lo esté en compañía de sus queridos padres, Juan y Aurelia.

UN LUCERO DE LA PATRIA

Pedro Roig

Juanín Pereira fue un líder de humanidad plena, de ideales puros y valor temerario que se forjó en el calor de un hogar católico colmado de amor y devoción a la libertad. Nombrado secretario general del Directorio Revolucionario Estudiantil, Juanín cargó sobre sus espaldas, de atleta invicto, el peligro diario de la lucha clandestina, que marcó con su ejemplo, el rumbo de aquella generación de héroes.

El Directorio Revolucionario Estudiantil formó la vanguardia de los jóvenes que enfrentaron en las calles de Cuba a los sicópatas del dogma marxista que no vacilaban en matar en nombre de la dictadura del proletariado. Las filas del Directorio se nutrieron de jóvenes de todas las clases sociales unidos por un ideal común de librar la Patria del más brutal tirano que ha sufrido Cuba a lo largo de su historia, Fidel Castro.

Juanín Pereira fue mi compañero de estudios en el tercero y cuarto año de bachillerato en el colegio Baldor de La Habana, donde integramos el equipo de natación de aquella institución de excelencia académica que dirigía el insigne matemático que fue Aurelio Baldor, orgullo del magisterio cubano. Juanín era hijo único en un hogar de cariños entrañables, donde creció en la serena dignidad de los principios, consagrado a luchar por lo que redime, lo que enaltece y honra la dignidad humana.

Juanín, el joven de conciencia pura, de alma limpia y corazón de oro se ganó con su conducta intachable la admiración de sus compañeros del Directorio. Su coraje personal, su ideal de justicia social y su sólida capacidad para enfrentar y resistir sin claudicar las terribles represalias del tirano, le dieron sentido humano y ético al sacrificio.

En 1959 ingreso en la Escuela de Arquitectura de la Universidad de la Habana y formó filas en la Agrupación Católica Universitaria, desde donde practicó su apostolado de fe cristiana y de Patria libre en la que se respetaran los derechos individuales y se pudiera criticar a los gobernantes sin temor a represalias. Valiente entre valientes, Juanín tenía el cabello muy negro, brillaba en su mirada la alborada de un sueño de libertad y la gloria de un mártir que fue en vida un lucero.

En el Directorio Estudiantil de 1960 formaron jóvenes idealistas como Ernesto y «Tommy» Fernández Travieso, Miguel García Armengol, Luis Fernández Rocha, Mariano Loret de Mola, Alberto Müller, Ady Pino de Viera, José Basulto, Jorge Garrido, Teresita Valdés Hurtado, Bernabé Peña, Fausto Álvarez, José María Lasa, Juan Manuel Salvat y cientos de estudiantes que en la lucha por romper las cadenas del tirano, arriesgaron sus vidas jóvenes, cumplieron terribles condenas de cárcel, cayeron combatiendo en las calles y montañas, o como Virgilio Campanería y Alberto Tapia-Ruano fueron fusilados, abrazados al sueño de libertad y al grito de «Viva Cristo Rey».

Hace 50 años, cumpliendo una arriesgada misión en la playa «Nombre de Dios» en Pinar del Río, donde esperaba un grupo de apoyo, Juanín Pereira fue sorprendido y acribillado a balazos por los sicarios de Fidel Castro. Al morir tenía 20 años. Esa noche lloraron las banderas y se escuchó la plegaria de una madre que, en su infinito dolor, rogaba por la eterna paz de su hijo que fue en vida un lucero de la Patria.

Junto a un grupo de compañeros de estudio en el Colegio Baldor

Página de la memoria del Colegio Baldor.
Juanín aparece en la cuarta foto.

JUANÍN EN MI MEMORIA

Juan Manuel Salvat

Difícil tarea querido Juanín. Yo sabía desde entonces, desde aquel día del regreso de un viaje sin destino, cuando me enteré que habías muerto, que tendría que escribirlo. Más tarde supe, ya lo imaginaba, que no tenías que haber ido a ese punto en Pinar del Río donde pretendíamos entrar en la Isla. Pero fuiste por ese sentido de responsabilidad que siempre asumiste. Mejor, fuiste por amistad, por cariño. Eso lo he sentido siempre. No creas, no es nada fácil. Aumenta la pena. Sobre todas las cosas te crea un sentido permanente de incumplimiento. No hay forma de quitarlo del alma. Es que nuestra Cuba, por la que ofrendaste la vida, sigue viviendo la misma tragedia. Peor ahora por la suma de calamidades y la destrucción del destino marcado por nuestros fundadores.

Volviendo la mirada a los orígenes de mi amistad con Juanín tengo que entrar en aquel patio de la ACU donde nos formábamos en las conversaciones con agrupados mayores: Juan Antonio Rubio Padilla, Ángel Fernández Varela, José López de Villalta, Ambrosio González del Valle, José Ignacio Rasco, Humberto Alvira. Fueron muchos, menciono sólo unos pocos. Siempre recordaré con cariño de hijo espiritual a Ángel... fue siempre nuestro mejor consejero. La Agrupación forjó nuestro carácter y nos preparó espiritual e intelectualmente para dar respuesta a los retos del futuro. Esos curas inmensos, Francisco Barbeito, S.J. y Amando Llorente, S.J. fueron esenciales en nuestra formación.

Yo entré en la ACU en 1957. Venía de la Agrupación Católica de Sagua la Grande. Ya entonces estaba resuelto a seguir el ideal de mi vida. Y los Ejercicios Espirituales nos confirmaban y daban entereza a esos ideales. Tú entraste tiempo después y entonces te conocí. No mucho entonces. Ya habría tiempo de profundizar la amistad cuando tuviéramos que enfrentar las tareas del clandestinaje. Tú estabas en el grupo que estudiaba Arquitectura y yo Derecho y Ciencias Sociales. Cuando se abrió la Universidad de La Habana comenzó nuestra gran actividad. En las primeras elecciones a la FEU[1] en 1959 nuestra gente ganó puestos en todas las facultades. Creo que lograste ser delegado de tu curso. En la Universidad publicábamos los periódicos *Trinchera*, *Manicato* y *Aldabonazo*. Teníamos el respeto del estudiantado y cada día más fuerza y presencia.

La gran definición fue en febrero de 1960. Anastas Mikoyán, vice primer ministro de la URSS iba a poner una corona de flores en la estatua de nuestro José Martí en el Parque Central de La Habana. Este Mikoyán había sido el artífice de la represión soviética en Hungría. La sangre de tantos estudiantes húngaros nos obligaba a actuar. Organizamos una manifestación de estudiantes que llevaría una corona en forma de bandera cubana para desagraviar al Apóstol. Aquel día entendimos definitivamente la naturaleza del castrismo. A nosotros nos golpearon y llevaron a prisiones. Con Mikoyán cerraban los tratos de la entrega al comunismo y la URSS.

A los pocos días intentaron expulsarnos de la Universidad. Allí estabas tú Juanín. No pudieron expulsarnos porque la mayoría de los estudiantes estuvo a favor nuestro. Buscaron otro día en mayo, cuando muchos estudiantes habían salido de La Habana por el Día de las Madres. Reforzaron su gente con obreros, jóvenes comunistas y miembros del gobierno. Lograron la mayoría para gritarnos «paredón... paredón». Pero no dejamos de ir. Subimos por última vez la escalinata y pasamos frente a nuestra Alma Mater. Allí estabas de nuevo Juanín. Allí estuvimos todos. Tuvieron que acorralarnos, amenazarnos y votar, sin legalidad, por la expulsión. Fue duro presenciar aquel espectáculo de ira, «pan y circo». Pero estuvimos allí todos. Ellos, a pesar de ser muchos más, de tener la fuerza de su parte, temblaban al ver a esos estudiantes pacíficos mirarlos con pena. Casi todos están hoy también en el exilio. Esa es otra de las grandes tragedias de Cuba. El oportunismo pudo más que el amor a la verdad. La envidia igualitaria se concentró en la Plaza Cadenas. Si todos hubiése-

---

[1] Federación Estudiantil Universitaria.

mos sido honrados con la Patria, los Castro no hubiesen llegado, o al menos no habrían durado. Pero el grito de «paredón» se impuso en las gargantas de los cobardes. Y Cuba lo ha pagado perdiendo más de medio siglo de historia.

Ya estaba el DRE organizado y te integraste temprano en sus filas. Después de la expulsión y persecución, decidimos asilarnos y salir de Cuba. Queríamos entender el proceso y conseguir las ayudas que hacían falta para enfrentar a ese régimen que se volvía, cada día, más poderoso. El primero en regresar fue Alberto Müller. En diciembre de 1960 logré yo entrar clandestino, desembarcando por el Náutico, en La Habana, junto a Miguelón[2] y a Manolo (Manolín) Guillot[3]. A los pocos días ya estaba sentado con Juanín y otros, preparando los planes de propaganda del Directorio.

Fuiste para mí el amigo más cercano durante esos meses de clandestinaje. Compartimos trabajos en la Secretaría de Propaganda del DRE, que era nuestra principal responsabilidad. Se publicaba *Trinchera* cuando se podía y en muchas formas diferentes. En La Habana, y también en ciudades de provincias. Queríamos mantener a los estudiantes bien informados sobre la necesidad de luchar contra ese régimen totalitario que iba cerrando las cadenas. Hicimos esas trasmisiones por audio penetrando los canales de televisión. Unas cajitas maravillosas que inventó nuestro genial Mario Albert. Organizamos la huelga estudiantil de febrero, «caigan los libros hasta que caiga el tirano». Fue exitosa, los colegios quedaron vacíos. Raúl Castro convocó a sus seguidores para atajar la fuerza del DRE. Y tú Juanín, fuiste el alma de toda esa actividad.

Mi desmemoria no me permite recordar con claridad los últimos días en Cuba. Días que compartimos conversando de planes. Pero nada era entonces seguro. La derrota de Girón, la caída de gran parte de los miembros del Directorio Revolucionario Estudiantil (DRE) nos pegó muy duro. Había que salir para entender lo que había pasado.

---

[2] Miguel García Armengol que ocupó la Secretaría de Acción del DRE.

[3] Manolín fue uno de los principales dirigentes del Movimiento de Recuperación Revolucionaria (MRR). Tiempo más tarde fue detenido y fusilado.

Había que encontrar un sentido estratégico a nuestra lucha. Teníamos que saber si estábamos totalmente solos en esa lucha donde al enemigo le sobraban ayudas. Planeamos que saliera para dar respuesta a todas esas preguntas. Y regresar cuanto antes. Tú quedarías al frente del DRE. Müller estaba preso. Luis Fernández Rocha asilado. Miguel García Armengol también preso. Ernesto Fernández-Travieso a punto de salir. Te tocaba a ti la dirección interna del movimiento. Ya sé que no querías esa responsabilidad pero aceptaste la carga con la franqueza dolida de tu sonrisa.

Yo salí por la Base de Guantánamo para evitar los meses de asilo en embajadas latinoamericanas. Tuvieron que ayudarme a saltar esa cerca. Pronto estaría en Miami con los otros compañeros del DRE. En realidad no pudimos encontrar respuestas inteligentes a las preguntas. Todo lucía absurdo y parecía claramente que el gobierno amigo de Estados Unidos se limpiaba las manos después de incumplir todas sus promesas de ayuda. Y los gobiernos latinoamericanos también de espaldas. Y la España de Franco haciendo negocios con Castro. Y el Vaticano con pánico de vernos. Nadie era consciente de la tragedia cubana que se haría mayor cada día. El futuro les haría doler, a todos, por esa actitud cobarde y ciega.

Ahora pensamos que fue un error confiar en los norteamericanos. Y es verdad. Pero también lo es que no había otra opción. La habilidad de Castro había logrado el apoyo de la Unión Soviética y pasado la lucha por la libertad de Cuba al plano internacional. La URSS le ofrecía asistencia técnica, armamentos, mucho dinero. Para poder enfrentarse a ese monstruo había que tener ayuda y el aliado natural debían ser los norteamericanos. Lamentablemente recibimos casi nada. Estábamos condenados.

Pero había que volver. Quizás la única esperanza seria era organizar una fuerza clandestina poderosa que pusiera en jaque a la dictadura. Al fin, en diciembre de 1961, parecía que se había coordinado un punto de entrada entre el clandestinaje y el exilio. Apenas un mes de haberme casado con mi esposa. Fue, aunque esperada, muy dura esa despedida. Y salimos en la embarcación. Al llegar sufrimos la frustración de no ver las luces que señalaban la entrada. Esperamos, nada.

Claro que no había nada, si ya habías sido asesinado. Y con tu muerte abortaba la infiltración. Tuvimos que regresar.

Recuerdo una tarde con Ernesto Fernández Travieso, amigo del alma, en que hablamos de la muerte de Juanín. Ya para entonces la vocación religiosa de Ernesto estaba decidiéndose. Y Juanín era una parte esencial en esas decisiones. Siempre mis mejores amigos terminaban siendo jesuitas. Quizás Juanín hubiese sido sacerdote. No tuviste tiempo ni para tomar decisiones.

Quizás no te despediste de tus padres. Esa madre que soñó tu muerte. Ese padre que siempre estuvo a tu lado. Era mejor no preocuparles pero ellos rezaban conociendo el peligro en que estabas. Cuánta soledad les quedó con tu muerte. Quizás la suavizara la oración. No sé, hay vacíos que nunca se llenan. Y el que dejaste era inmenso.

Estuvimos muy unidos querido Juanín. Conocí la fuerza de tu sacrificio, tu entrega total a la lucha. Y entendí la razón por la que lo hacías. Eras hombre de Cristo. Te habías entregado a Su servicio. Jesús y María te acompañaban en todo momento. Por eso le sonreías al peligro. Daba igual Juanín, vivo o muerto, con victorias o fracasos, con triunfos o traspiés, todo era a *Mayor Dios Gloria*. Tenías la luz contigo y nadie pudo quitártela.

Aquella noche en Pinar del Río cuando las balas mataban tu cuerpo comenzaba tu vida plena en Jesús. Ya compartías su vida en cada Eucaristía. Ahora estabas en Su presencia. Estoy seguro que Jesús se acercó y te dio un abrazo. María sonreía. Juanín, hombre de Dios, dirigente revolucionario por sentido apostólico, hermano querido. Siento no haber podido darte un abrazo aquella noche. Eso sí, tú recuerdo es parte esencial de mi vida. Ojalá tenga la Gracia para ser como tú, parecerme a ti. Saber cumplir como tú, a pesar de las dificultades y confusiones, la Voluntad del Señor. Como tú Juanín.

Seguramente hoy, al lado del Señor de la Historia, ves con claridad el destino de Cuba. Nosotros estamos en la mayor oscuridad y confusión, aunque sabemos que estamos viviendo momentos cruciales. Tendremos todos que pedirte a ti Juanín que ruegues al Señor por esta nave averiada que es nuestro país. La esperanza no muere y Cuba tiene derecho a ser libre y navegar en aguas de felicidad.

Escalinata de entrada a la Universidad de La Habana
con la estatua del Alma Mater presidiendo

MURIÓ POR LA VERDAD CONTRA EL PODER IMPUESTO

Antonio Sowers

Han pasado cerca de 50 años y todavía vive presente en nuestra vida JUANÍN. Su aporte como ser humano a nuestra vida está compuesto de tantos detalles, que me es imposible referirlos todos. Trataré de exponer los más importantes.

Lo conocí y compartí con él en el dispensario de San Lorenzo en Buenavista, Marianao. Fuimos profesores de obreros que deseaban mejorar sus calificaciones para poder ganarse la vida de una manera más digna. Era puntual y compartía con sus alumnos, se esmeraba en la preparación y el contenido de su material para darlo lo mejor posible. Después de las clases dialogábamos algunas veces y hablábamos de nuestros padres, estudios y la situación imperante en Cuba.

Tengo que expresar algunas cosas con respecto a su vida ejemplar como hombre y como un cristiano responsable. Me daba cuenta de su entrega y su espiritualidad Mariana. Noté que era un joven transparente en su trato y por los detalles que me expresaba en los momentos de conversar. Me motivaba para asistir a Misa y vivir de una manera correcta en diferentes aspectos de la vida: Era un apóstol con su asistencia a la Misa diaria y con un sentido de gran responsabilidad social: los padres, su carrera, la situación reinante en Cuba, el adelanto de los alumnos, el trato en general con todo el mundo, en fin, era sencillo con sus relaciones humanas y respetuoso con todas sus obligaciones.

Ingresé en el Directorio por medio de él. Me impresionó de manera especial su responsabilidad y discreción. En esta fase no pudimos compartir mucho pues él vivía para la causa y los problemas que se presentaban, además, yo estaba conspirando en seguridad con Bobby Quintairos. Nos veíamos a cada rato. En realidad conversamos muy poco entonces pero había confianza mutua. Recuerdo el día de su muerte pues estuvimos en estado de alerta con la operación y acompañé al Bobby a su casa para notificar la muerte de Juanín a sus padres. Aquí vivimos una experiencia inolvidable pues su mamá nos dijo antes de nosotros hablar que se despertó llorando exactamente a la hora que lo mataron y nos quedamos helados.

Pasó el tiempo y caímos presos pero tuvimos un regalo de Juanin en los Incomunicados de la Cabaña (esta zona estaba bajo la supervisión del G-2) Había pasado la crisis de Octubre. Era el día 17 de Diciembre de 1962, día que se cumplía el primer aniversario de la muerte de Juanín. Se nos avisó que teníamos visita controlada por 10 minutos. Mi madre tuvo la valentía de traerme la Comunión escondida y el dármela se hizo sospechoso para los guardias, A los dos nos hicieron una requisa total (completamente sin ropa). A pesar de la requisa, la Comunión no fue encontrada por los agentes de seguridad y ese día tuvimos la oportunidad de recibir a Jesús después de meses incomunicados. Pensamos que recibimos una ayuda especial de Dios por intercesión de Juanín, un año exacto después de su muerte. Cada día lo veo más claro. Desde ese momento en adelante experimenté una fuerza extraordinaria para dirigir el Rosario, oraciones dominicales, y ayudar a los esfuerzos de vivir como Iglesia en todas las prisiones en que estuve.

«¿Qué es la Verdad?» dijo Pilatos a Jesús y aparentemente triunfó el poder Romano sobre la Verdad total que es el Amor de Dios. Pero Cristo vive. Del mismo modo el poder de los Castro aparentemente asesinó a Juanín que murió por y con la verdad. Pero Juanín vive y seguirá viviendo siempre en nuestros corazones. Gracias, Juanín, por tu ejemplo y valentía.

SU ENTREGA A LOS DEMÁS

Fr. Salvador Subirá

Cuando la noticia de la muerte de Juanín nos llegó al Presidio Político en Isla de Pinos, sentí un duro golpe en el pecho, porque era alguien muy próximo.

Juanín había estudiado en el Colegio Baldor, que era un buen colegio de línea católica, aunque no atendido por religiosos. Y tras su graduación de bachillerato se matriculó en la Facultad de Arquitectura de la Universidad de La Habana. Esto debe haber sido con anterioridad a 1960.

También por ese tiempo llegó a la Agrupación Católica Universitaria, donde era uno de los más jóvenes del círculo de estudiantes de Arquitectura de la ACU. Allí fue donde lo pude tratar a diario y conocer lo transparente y sencillo que era. Tenía buena presencia, con la tez algo trigueña, hablar tranquilo y un corte de pelo que no acababa de ser un típico pelado alemán. También supe que había sido buen estudiante, mas no porque él lo manifestara.

Pero saltaba a la vista que el encuentro y el compromiso de Juanín con el Señor era profundo. Pienso que ese adentrarse suyo en la fe debe haber tenido relación con unos padres españoles, honestos y sencillos que emigraron a Cuba desde Galicia. Yo los pude conocer en una invitación a comer de sábado por la noche que me hizo Juanín. Guardo con cariño el recuerdo de aquella noche en familia con los buenos padres que adoraban a su único hijo.

Juanín era sumamente piadoso, hasta escrupuloso de conciencia, pues sin duda, aspiraba a un cristianismo perfecto. Por supuesto que era de comunión diaria, y muy dispuesto para cualquiera de los numerosos apostolados que se emprendían en la ACU. Si hacía falta alguien para desempeñar alguno de esos apostolados, siempre se podía contar con Juanín. Se tomaba en serio todo lo que hacía. Y digamos de paso, que no le faltaba una Dulcinea por la que suspirar, y por la que le hacíamos numerosas bromas.

Pero Juanín no era hombre de aventuras conspirativas, ni de aspiraciones políticas. Su militancia en el Directorio Revolucionario Estudiantil fue como un deber ante la tragedia de la patria y en defensa de su Iglesia y de sus valores cristianos. Sabía que él no se iba a poder sustraer de la convocatoria generacional de lucha que nos reclamaba a todos, pero nunca me lo podía imaginar involucrado en una riesgosa operación costera para la salida de infiltrados en mucho riesgo y la entrada de otros que venían a reforzar la lucha, porque no era su temperamento. Sin embargo, en esa arriesgada acción es que su cuerpo fue ametrallado y encontró su muerte.

Y repito que la noticia me golpeó, porque demostraba de un tirón como le había crecido la hombría a aquel joven sencillo que no vaciló en adentrarse por los riesgos de lo que debe haber entendido como un deber.

Sólo queda añadir que la Patria cubana tiene sobradas razones de orgullo por incluir en su historia la vida de un soldado tan honesto, gallardo, valiente y dispuesto para el sacrificio, como lo fue nuestro hermano Juanín Pereira Varela.

JUAN PEREIRA VARELA
"Miguel Angel"

"... el honor más preciado servir"

Juanín hizo suya esta parte de nuestro himno. Y sirviendo a Dios y a sus compañeros vivió y murió.

Muchos pensaron que Juanín era sólo un muchacho, pero Juanín era un hombre y un santo. Juanín había sublimado el servicio al prójimo, pues Juanín veía en todo la oportunidad de servir a Cristo.

En la Agrupación muchos no notaban siquiera su presencia, pues su trabajo era callado, interno, discreto. El trabajo de un verdadero apóstol, de un verdadero soldado de Cristo, de un enamorado de la vida espiritual.

Y el trabajo se comenzó a sentir pues la sola presencia de Juanín hacía desaparecer la frase vulgar, el chiste ordinario, la conversación inconveniente, y al mismo tiempo inspiraba alegría como si su sola presencia diera un toque de pureza al aire que respirábamos.

Pero el continuo igual, callado, discreto, humilde. Su colaboración en las obras de la Agrupación lo hacían un hombre indispensable pues Juanín siempre estaba presente para lo que fuera y siempre con su deseo de servir.

Al igual que sucedió en la Agrupación sucedió en la lucha contra el Comunismo. Juanín se entregó a ella en su manera habitual. Este había sido el trabajo para el cual Dios le quería, y Juanín supo cambiar la mesa de dibujo y los libros de arquitectura por el paquete de proclamas anti-comunistas y cuando fue necesario por la pistola.

Su trabajo se comenzó a sentir en esta nueva actividad. Sus cualidades parecían hechas para esto, pues el trabajo callado, discreto y humilde eran ideales para sobrevivir en este nuevo ambiente. Y Juanín continuaba sirviendo.

Sirviendo adquirió nuevas responsabilidades, pues él se hacía cargo de lo que otros no querían, sirviendo llegó a ocupar el máximo cargo dentro de la organización clandestina a que pertenecía y sirviendo encontró la muerte.

Era de madrugada y el grupo donde se encontraba Juanín fue sorprendido por la milicia. Al ver a sus compañeros correr el peligro de morir a manos de los soldados del mal, Juanín, a imitación de Cristo, supo salir a correr a sus amigos por última vez diciendo: "Yo soy el único responsable, los demás son inocentes."

Y en aquel instante murió asesinado.

Semblanza de Juanín en la Memoria de la Convención de la Agrupación Católica Universitaria (ACU), Atlanta, diciembre, 1963.

HÉROE Y MÁRTIR POR DIOS Y POR CUBA

Agustín Villegas

Nació el 31 de enero de 1941 en La Habana, Cuba. Sus padres (de origen español) fueron Juan Pereira y Pereira y Aurelia Varela Moreno, ya fallecidos.

«Juanín», como le llamaban familiares y amistades, era de carácter dulce, callado y servicial. Profundamente juicioso, suave y humilde. De estatura mediana, sobre lo alto, proporcionado, de rostro bien parecido, pelo castaño oscuro. Pereira era un hombre fuerte y alegre, ducho en natación y en deportes acuáticos, con cualidades naturales de líder.

Cursa la segunda enseñanza en el colegio «Baldor». Él fue la mejor representación que tuvo el colegio Baldor en natación, categoría de menores de 18 años, y uno de los que mayor puntuación le dio a su escuela. Siempre dispuesto a lo más difícil. Sacrificado hasta el máximo de la capacidad humana. El joven estudiante participa en la competencia de natación en la piscina del Casino Español. Pereira rompe el record de los 50 metros de espalda que estaba en poder de Ignacio Carrera Jústiz, desde el año 1954, con tiempo de 35.6/10. «Juanín» no se conforma con romper el record y bajarlo en 5 décimas de segundo, sino también gana un primer premio y en estilo libre clasifica en tercer lugar. También practica y juega base-ball con éxito.

Segundo lugar de cuarto año de bachillerato «A», alcanzando extraordinario Premio de Religión: «Salvador Rodríguez Cecilio», desarrollando el tema «El Evangelio y los ideales de la juventud». Recibió diploma y dinero. En junio de 1958 es graduado de Bachiller con excelentes calificaciones.

Por su fe cristiana y su trato humano en su vida sacramental, decide entrar en la Agrupación Católica Universitaria y el 8 de diciembre de 1959 se hace Congregante, con un sentido de responsabilidad con la Iglesia y con la Patria.

En 1960, Pereira ingresa en la Universidad de La Habana y matricula Arquitectura, convirtiéndose en poco tiempo en Delegado del curso por sus compañeros de carrera.

«Juanín» no tenía vocación política, ni militar, sino que era un hombre de condición familiar y dedicado al estudio. En sus Ejercicios Espirituales, en su meditación cristiana, se hacía grande por su caridad y su amor al prójimo, preocupado por hacerle el bien. Se destaca como dirigente estudiantil católico.

Al iniciarse la lucha contra la tiranía comunista fue Pereira Varela de los primeros en acudir a ella, participando en los acontecimientos que exigían libertad y democracia para el pueblo cubano. Sus padres nunca se opusieron a los ideales de Dios y de Cuba que defendía Juanín, aceptando sus pensamientos, se compenetraron con él.

Se organiza una protesta y Juanín se une. El día 5 de febrero de 1960, por la visita de Anasta Mikoyán, comisario ruso, deposita flores ante la estatua del Apóstol Martí en el Parque Central de La Habana que causó malestar entre los estudiantes y el pueblo en general ya que el político soviético representaba la esclavitud comunista y el sistema totalitario. En acto de repudio y desagravio, los estudiantes depositaron una ofrenda floral en memoria del libertador cubano.

En la manifestación se encontraban: Alberto Müller, Luis Fernández-Rocha, Juan Manuel Salvat, Ernesto Fernández Travieso, Juan Clark, Teresita Baldor, Manolín Guillot, Virgilio Campanería, Herman Koch, Joaquín Pérez, Emma Espino, Guillermo Othón, Fernando Tres Palacios, Antonio García-Crews, Roberto Borbolla y Luisa Díaz, entre otros. Hubo heridos y detenidos.

Con motivo de la creciente situación política hacia el comunismo, el patriota cubano Juanín Pereira Varela forma parte de la fundación del Directorio Revolucionario Estudiantil, dentro de cuyas filas fue ascendiendo en responsabilidades y prestigio, demostrando gran valor por la causa libertaria.

Ya Juanín, con el seudónimo «Miguel Ángel», es nombrado Responsable de Seguridad de la organización estudiantil y se destacó grandemente salvando la vida a numerosos compañeros de la resistencia a quienes protegió de la acción de la policía secreta del gobierno comunista. El dirigente estudiantil también actuó en la sección de Propaganda hasta el 17 de abril de 1961.

En ese tiempo, Pereira hace una visita a la prisión de Boniato, en Oriente, para hablar con Alberto Müller quien le pidió que asumiera la dirección nacional del Directorio, por ser fiel representante de una juventud que rechaza toda opresión y tiranía, ya que Luis Fernández-Rocha se encontraba asilado y Juan Manuel Salvat en espera de salir del país.

Ostentando la jefatura de la entidad patriótica, «Miguel Ángel» se da a la tarea de la restructuración de la misma y planea algunos viajes al interior de la isla. Contará con la asistencia de su compañera del DRE, Raquel la Villa, en una de las misiones a Cienfuegos en la provincia de Las Villas.

Algunas amistades como Álvaro Ledón, Pancho Miranda y Alberto Alejo se comprometieron a darle a «Miguel Ángel» protección, seguridad y refugio en sus casas, en caso de que tuviera que ocultarse por estar en peligro de ser detenido o asesinado por la fuerza policíaca.

En el verano de 1961, luego del fusilamiento de Porfirio Ramírez en la provincia de Las Villas, la represión del gobierno castrista se recrudeció en el territorio nacional.

Líderes del D.R.E. de Santa Clara vienen a La Habana en busca de ayuda bélica para la lucha interna. José A. Albertini se entrevista con Pereira Varela. En la conversación, Juanín se opone al plan del uso de armas para castigar y ajusticiar a alguien porque sus principios y convicciones religiosas no se lo permiten.

En la noche del 17 de diciembre de 1961, «Miguel Ángel» y un grupo de jóvenes que iban a salir del país se encontraban en las costas de Pinar del Río. Estos son sorprendidos por la soldadesca comunista. Allí mismo, frente al mar oscuro, cae abatido recibiendo tres balazos, uno en un pómulo y dos en el pecho. Muere al momento[1].

Son detenidos Luis González Marcilo, Carmelo González del Castillo y Emilio Martínez Venegas que era amigo y compañero de Pereira Varela en la Agrupación Católica Universitaria.

«Miguel Ángel» es colocado por órdenes del sargento en un ataúd simple marcado sencillamente «un tal Juanín». En un lugar de la muerte del patriota, los soldados abrieron una fosa y depositaron el cadáver.

De inmediato, El Directorio Revolucionario Estudiantil denuncia a la opinión pública mundial que su Coordinador Nacional en el clandestinaje, Juanín Pereira es asesinado por el gobierno de Fidel Castro. Nadie ofrece más amor que aquél que da su vida por Dios, por la Patria y por el Prójimo.

La madre del héroe y mártir dijo, llorando por teléfono: «No sabían que mataban a un santo». Posteriormente, ella, en compañía de su esposo, trataron de averiguar la desaparición de su hijos pero las autoridades castristas le mintieron y le dijeron que estaba preso. Los familiares siguieron indagando hasta que reconocieron su defunción. El gobierno se niega a darles el cadáver de su hijo hasta que, al fin, le entregan el cuerpo de Juanín con la ayuda de un religioso siendo enterrado en el cementerio de Colón.

Algún tiempo después, los padres de Juanín escribieron una carta al Padre Amando Llorente en la que hace referencia a su único hijo: «Él murió, pero los ejemplos no mueren y nosotros nos sentimos muy orgullosos de ser sus padres.».

Cuando Juanín vio que estaba en juego la causa de Dios, el heroico batallador se entrega totalmente a la lucha democrática para alcanzar con ella las libertades de su pueblo. Pero, al morir, nace una estrella que brilla en el cielo para servir a Cristo y al suelo querido que él abrazara con todo su corazón.

---

[1] Se entiende que hay datos que son muy difíciles de comprobar debido a la poca información que se tiene de aquellos momentos de la lucha clandestina y especialmente del momento de su muerte en Pinar del Río (Nota del editor).

Como dijera el Directorio Revolucionario Estudiantil, sobre la figura limpia de Juanín Pereira Varela, «cayó un cuerpo sin vida y se levantó un alma grande».

Los integrantes del equipo de natación menores de 18, que conquistaron el 1er. lugar. De izquierda a derecha, detrás: Julio Moré, "el coach" Osvaldo Francisco, Jorge Pérez. Delante: Armando Santiago; Juan Pereira, Carlos Raspall.

Los integrantes del equipo de natación menores de 18, que conquistaron el primer lugar. Juanín al centro, en la primera fila.

SOBRE SUS AMIGOS

Albertini, José Antonio
José Antonio Albertini nació en Santa Clara, Las Villas, Cuba, en 1944. Ex prisionero político, cinco años de condena. En octubre de 1960, integra el núcleo fundador del Directorio Revolucionario Estudiantil (D.R.E.), en su provincia nativa. En enero de 1961, siendo estudiante del Instituto de Segunda Enseñanza de Santa Clara, no se le permite graduarse de bachiller en letras y, por sus actividades contra el totalitarismo castrista, es expulsado de todos los centros de enseñanza superior. Es autor de cinco novelas y dos libros de entrevistas y relatos verídicos. En radio y televisión modera y conduce programas de temas históricos y de actualidad política. Ocasionalmente escribe artículos de opinión y reseñas para periódicos y revistas literarias. Es miembro del PEN CLUB de escritores cubanos en el exilio, del Círculo de Cultura Panamericano y director del Instituto de la Memoria Histórica Cubana contra el totalitarismo. En la actualidad, junto a su familia, reside en Miami y como periodista labora en la emisora Radio Martí.

Alzugaray, Manuel A.
Manuel Alzugaray nació en Placetas, Las Villas, Cuba. Estudió medicina en la Universidad de La Habana. Perteneció al Directorio Revolucionario Estudiantil (D.R.E.) desde sus comienzos en 1960, ejerciendo sus actividades en La Habana y en la provincia de Las Villas. Salió de Cuba por vía clandestina a fines de 1962. Ese mismo año se incorpora a las unidades cubanas del ejército Norteamericano manteniéndose por 7 años en la reserva. Completa sus estudios en la Universidad de Salamanca, España, graduándose en 1970 de la Escuela de Medicina. Ejerció en el Jewish Hospital and Medical Center en Brooklyn, New York, y actualmente tiene su práctica privada en Miami, Florida, con especialidad en ortopedia. Licencias Médicas en Michigan, New York, New Jersey y Florida. Es miembro una gama de organizaciones cívicas y médicas y es Presidente y Chairman of the Board del Miami Medical Team Foundation. Está certificado y pertenece al American Board Certified in Homeland Security Nivel V y Federal Emergency Management (FEMA). Reside en Miami.

Amaro, Nelson
Nelson Amaro es un sociólogo nacido en La Habana, Cuba, en 1940, que reside en Guatemala. Después de 2 años en la Universidad De La Salle y la Habana, obtuvo su Licenciatura de Sociología en la Universidad Católica de Santiago de Chile y para su Doctorado pasó por MIT y las Universidades de Harvard y Wisconsin. Asesoró y formó parte de Naciones Unidas, Banco Mundial y USAID por más de 15 años de

su carrera. En ese carácter integró misiones en New York, San Salvador y Roma, casi toda América Latina, parte de Africa, el Medio Oriente y Asia. El Dr. Amaro se desempeña en la actualidad en la Universidad Galileo en Guatemala. En el pasado en este país se ha desempeñado tanto en el ámbito universitario, técnico como académico, ocupando entre otros, el cargo de Viceministro de Desarrollo Urbano y Rural (1987-1989). No obstante, considera su labor más destacada el haber sido Coordinador del programa radial Trinchera del Directorio Revolucionario Estudiantil, DRE de Cuba en Miami (1960-62) y Delegado de esa misma Organización en Chile (1962-1967).

Fernández-Rocha, Luis
Luis Fernández Rocha nació en La Habana, Cuba, en 1939. Estudió primera y segunda enseñanza en el Colegio Belén de los padres jesuitas, graduándose en 1956. Al terminar el colegio ingresó en la Agrupación Católica Universitaria siendo miembro de su Consejo de Dirección. Comenzó su carrera de medicina en 1959 y viendo el rumbo totalitario comunista, que daban los Castro a su revolución, comenzó a conspirar con la Sección Estudiantil del Movimiento de Recuperación Revolucionaria. Fundador del Directorio Revolucionario Estudiantil. Salió de Cuba exiliado en 1961. Regresó en una operación clandestina en 1962. En 1964 regresó a sus estudios de medicina en la Universidad de Miami. Se graduó de médico con especialidad en Ginecología y Obstetricia, ejerciendo su profesión hasta el 2011.

Fernández-Travieso, S.J., Ernesto
Ernesto Fernandez-Travieso, sacerdote jesuita, nació en La Habana en 1939. Estudió en el Colegio De La Salle del Vedado, Universidad de Villanueva y Universidad de la Habana. Miembro de la Agrupación Católica Universitaria y el Directorio Revolucionario Estudiantil. Exiliado a Miami en 1960. Infiltrado en Cuba en Marzo 1961. Nuevamente exiliado a Miami en Agosto 1961. Entró al Noviciado de los Jesuitas en Villagarcía de Campos, España en Septiembre de 1963. Continúa su formación como jesuita en República Dominicana, Estados Unidos, Toronto, Canadá, Quebec y Roma. Doctor en Teología Espiritual de la Universidad Gregoriana en Roma. Fundador de la Misión ILAC en República Dominicana. Director de Relaciones Internacionales de Radio Vaticano en Roma. Actualmente Vice Presidente de la oficina de Desarrollo y oficina de Relaciones con Antiguos Alumnos del Colegio de Belén de Miami, Florida.

Fernández-Travieso, Tomás
Tomás Fernández-Travieso nació en La Habana, Cuba, en 1942. Se graduó de Bachillerato en el Colegio De La Salle. Obtuvo la Licenciatura en Creighton University, Omaha, Nebraska, y la Maestría en Florida International University, Miami, Florida. Miembro del Directorio Revolucionario Estudiantil. Condenado a 30 años, cumplió 19 como preso político. Liberado en 1979 gracias a la gestión del gobierno

venezolano de Luis Herrera-Campins y del vice Ministro del Azúcar, Joaquín Pérez. Profesor de español por más de 20 años. Publicó la novela «El Silencio del Ayer», la obra de teatro «Prometeo Desencadenado» y varios cuentos. Está retirado. Reside en Miami, Florida.

García-Crews, Antonio
Antonio García-Crews nació en La Habana en 1939. Graduado del colegio de Belén en 1957. Congregante de la Agrupación Católica Universitaria a partir de diciembre 1958. Arrestado en Febrero 5, 1960 debido a una manifestación contra Anastas Mikoyán durante su visita a Cuba. Graduado de Licenciatura en Economía en la Universidad Sto. Tomás de Villanueva en Julio 1960. Miembro fundador del Directorio Revolucionario Estudiantil (DRE). En Noviembre 24 de 1960, fue capturado por el castrismo mientras trataba de incorporarse a las guerrillas del Escambray. Cumplió 16 años de prisión. En agosto 1979 salió de Cuba. En los E.U. cursó la carrera de Abogado en la Universidad de Miami. Se especializó en el área de Inmigración desde 1992. Actualmente reside en Orlando, Florida.

García Soler, Carlos
Carlos García Soler, nace en la Habana en el 1942. Estudió en el Colegio Baldor. Miembro del Directorio Revolucionario Estudiantil (DRE) desde su comienzo. Sale de Cuba asilado en la Embajada de Colombia, vía México, trasladándose desde Bogotá a Miami. Se muda para Puerto Rico en el 1964. Tuvo negocios de representaciones de la industria de alimentos y licores hasta su retiro en el 2008. Activo por la lucha de Cuba en la Fundación Nacional Cubanoamericana, capítulo de Puerto Rico. Ha estado activo en organizaciones cívicas y comerciales para tratar de ayudar a mejorar la calidad de vida de las comunidades. Reside en Puerto Rico.

Habach, Eduardo
Eduardo Habach nació en Sagua la Grande, Las Villas. Estudió la primera enseñanza en el Colegio Sagrado Corazón de Jesús de los padres jesuitas y la segunda en el Instituto de Segunda Enseñanza de Sagua la Grande. Pasó luego a estudiar Medicina en la Universidad de La Habana. Fue miembro de la Agrupación Católica Universitaria dirigiendo a los agrupados que daban clases gratuitas de religión en colegios laicos de La Habana. Participó en la lucha contra Castro y tuvo que salir exiliado hacia Venezuela. Residió desde 1961 en Maracaibo donde se graduó de Psicólogo y ejerció esa carrera. Falleció en Maracaibo.

Kindelán, Berta
Berta Santa Cruz de Kindelán («Mamá Bertica»), nació en Santiago de Cuba en 1923. Cursó sus estudios en el Colegio del Sagrado Corazón en Vista Alegre. Contrae matrimonio con Juan Kindelán y Sánchez. Se muda para La Habana en 1956. Miembro del Directorio Revolucionario Estudiantil (DRE) y enlace con el

Movimiento de Recuperación Revolucionaria y con la Embajada de España, después de Girón. Es detenida en mayo de 1962, y enjuiciada por la causa del DRE #300 de 1963. Condenada a 20 años, es liberada por enfermedad al año y medio de presidio. Sale de Cuba en 1963 y se traslada a Puerto Rico hasta 1964 en que se muda para Miami. Trabajó por 41 años en el Pan American Hospital, la Clínica Pasteur y el Regional Kendall. Actualmente está retirada. Reside en Miami, Florida.

Koch, Johnny
John Koch nació en La Habana, Cuba, en 1941. Se graduó de Bachillerato en el Colegio Baldor y de Ciencias y Matemáticas en City College of New York. En 1960, participó y fue detenido en la manifestación del Parque Central en contra de Anastas Mikoyán. Expulsado de la Universidad de La Habana por actividades contra el gobierno. Miembro del Directorio Revolucionario Estudiantil desde 1960 en Cuba y del grupo de infiltración del DRE en Miami. Participó en los campamentos del Movimiento de Recuperación Revolucionaria (MRR) en 1964. Trabajó como programador y analista de sistemas y director de sistemas de computación por 40 años. Actualmente reside en Miami, Florida, y está retirado.

La Villa de Fernández-Travieso, Cecilia
Cecilia la Villa de Fernández-Travieso nació en La Habana, Cuba, en 1943. Se educó en el Colegio del Sagrado Corazón hasta 1961, año en que el colegio fue intervenido por el gobierno. Obtuvo la Licenciatura y la Maestría en Florida International University, Miami, Florida. Miembro del Directorio Revolucionario Estudiantil. Colaboró con el Movimiento Demócrata Cristiano. Ha pertenecido a diversas organizaciones religiosas y comunitarias. Tiene más de 20 años de trabajo en instituciones de desarrollo de vivienda para personas de bajos y medianos recursos. Reside en Miami, Florida.

Llorente, S.J., Amando
Amando Llorente nació en Mansilla Mayor, León, España, el 24 de agosto de 1918. Estudió el bachillerato en el colegio de los jesuitas de Carrión de los Condes de Palencia e ingresa en la Compañía de Jesús. Cursa sus estudios de Filosofía en Oña, Burgos, y hace el Magisterio en el Colegio de Belén en La Habana de 1942 a 1945. Siguió sus estudios de Teología en la Universidad de Comillas y en Heythtrop Collage de Oxford, Inglaterra. Fue ordenado sacerdote el 8 de septiembre de 1948. Hace su Tercera Probación en Salamanca, 1949. En 1950 lo trasladan a La Habana para dirigir la Casa de Ejercicios Espirituales El Calvario. En 1952 es llamado a dirigir la Agrupación Católica Universitaria. Es obligado a salir de Cuba en 1961 y en Miami continúa en la dirección de la ACU hasta su muerte en 2010.

Martínez, Emilio
Emilio Martínez Venegas nació en Ciego de Ávila, Cuba, en 1936. Estudió en el Colegio Champagnat, en Ciego de Ávila, y en Belén, en La Habana, donde se graduó de Bachiller en 1954. En 1959, se gradúa de Derecho en la Universidad de Santo Tomás de Villanueva. Fundador del Comité Coordinador del Movimiento de Liberación Radical, de La Legión de Acción Revolucionaria y Segundo Teniente del Ejército Rebelde en la lucha contra la dictadura de Batista. Se opone al gobierno de Castro casi desde sus principios, pasando a ser fundador y miembro de la Dirección Nacional del Movimiento de Recuperación Revolucionaria (M.R.R.), fundador (en Useppa Island) y jefe del grupo original de la Brigada de Asalto 2506 y segundo jefe del team de infiltración de la Brigada en la Provincia de Camaguey. Se asila en la Embajada de Venezuela en 1961. Después de 6 meses sin lograr permiso de viaje se escapa y es detenido por la Seguridad del Estado con el nombre de Ernesto Guerra Vidal por participar en la operación de infiltración/exfiltración del 17 de diciembre de 1961. Cumple quince de 20 años de condena. Sale para Venezuela donde participa en la Unión de Ex-Presos Políticos Cubanos como miembro fundador y del Ejecutivo Central y como Director y fundador de la Revista Unión. En Miami, se integra como miembro fundador al Centro de la Democracia Cubana (CDC) participando en la Dirección General y en la Plataforma Democrática Cubana, firmante de la Declaración en Madrid. Sus actividades laborales incluyen Cuba como delegado del Ministerio de Agricultura con el Comandante Humberto Sorí Marín en 1959, en Venezuela trabaja en la Empresa de Investigaciones Privadas, FRANAC, y en Miami como representates de Seguros de Vida y de Salud. Actualmente reside en Miami y está retirado.

Menéndez, Ricardo
Ricardo Menéndez nació en La Habana, Cuba, en 1942. Terminó el Bachillerato en 1959 y fue arrestado en 1962, casi un mes después de la muerte de Juanín. Tras cumplir nueve años de prisión, abandonó Cuba en 1979, un año antes del Puente del Mariel. Vivió varios años en Miami y actualmente reside en el estado de Virginia. En 1997 publicó la novela *La 'Seguridad' siempre llama dos veces...; y los Orischas también*.

Morúa, Martín
Martín Morúa Arrechea nació en La Habana, Cuba, en 1939. Educado en Primaria por su madre. Graduado de Bachillerato en el Candler College (Metodista). Estudió Ingeniería Química en Villanueva pero por su involucración en el Directorio Revolucionario Estudiantil (D.R.E.) no se graduó hasta que vino a Estados Unidos (3 títulos). Convertido a Católico y Agrupado en 1957-59. Casado con Inés desde 1965. Tuvieron 4 hijos de los cuales uno murió (1990). Viven en el área de Dallas-Fort Worth. Retirado. Invierte en Bienes Raíces.

Müller, Alberto
Alberto Müller nació en El Cerro, La Habana, en 1939. Cursó la segunda enseñanza en el Colegio de los Escolapios y en Belén. Estudiaba Derecho en la Universidad de La Habana. Fundador del periódico universitario Trinchera en 1959.Organizador de la Manifestación de Protesta contra Anastas Mikoyán en el Parque Central de La Habana en febrero de 1960. Fue expulsado de la Universidad en abril de 1960. Fundador del Directorio Revolucionario Estudiantil conjuntamente con un grupo de cubanos exiliados en la ciudad de Miami en septiembre de 1960. Se alzó en las lomas de la Sierra Maestra en donde fue detenido y torturado con un simulacro de fusilamiento. Condenado a 15 años de prisión. Es escritor y periodista. Ha publicado la novela «Monólogo con Yolanda», los poemarios «Tierra Condenada» y «Tierra metalizada», varios cuentos «Todos heridos por el Norte y por el Sur», y diversos ensayos históricos. Reside en Miami, Florida.

Quintairos, Roberto
Roberto Quintairos nació en la Habana, Cuba en 1941. Sus padres eran de origen español. Se graduó de Bachillerato en el Colegio De La Salle en 1960. Estudiaba Ingeniería Civil en la Universidad de La Habana cuando tuvo que abandonar los estudios por señalarse como contrario al régimen de Castro. Participó en la protesta del Parque Central en contra de Anastas Mikoyán en 1960. Se incorporó a la lucha clandestina con la rama estudiantil del Movimiento de Recuperación Revolucionaria (MRR), hasta la fundación del Directorio Revolucionario Estudiantil (DRE). En 1962 fue detenido, juzgado en la causa del DRE #300 de 1963 y condenado a 20 años de prisión. Cumplió 14 años y 4 meses. En 1979 llegó a los Estados Unidos. Actualmente reside en Miami, Florida y está retirado.

Roig, Pedro
Pedro Roig nació en Santiago de Cuba, Cuba, en 1940. Estudió la primera enseñanza en el Colegio Dolores en Santiago de Cuba y se graduó de Bachillerato en el Colegio Baldor en La Habana. Terminó la carrera de Derecho en la Universidad St. Thomas en Miami. Es asesor del Instituto de Estudios Cubanos de la Universidad de Miami. Tiene una Maestría en Historia de la Universidad de Miami y un Doctorado en leyes de la Universidad de St. Thomas. Perteneció a la juventud del Movimiento Demócrata Cristiano de Cuba, miembro de la Brigada 2506, fue director de la Fundación Nacional Cubano Americana y Director de la Oficina de Transmisiones para Cuba, (Radio y Televisión Martí), del 2003 al 2010. Abogado, Profesor de Historia y autor de varios libros como «La Guerra de Martí» y «La Muerte de un Sueño». Roig es considerado un experto en los temas históricos de la Nación Cubana.

Salvat, Juan Manuel
Juan Manuel Salvat nació en Sagua la Grande, Cuba, en 1940. Estudió la primera enseñanza en el Colegio Sagrado Corazón de Jesús, de los padres jesuitas. Se graduó

de Bachillerato en el Instituto de Segunda Enseñanza de su ciudad. Se traslada a La Habana para estudiar Derecho y Ciencias Sociales, primero en la Universidad De La Salle y luego en la Universidad de La Habana. Miembro de la Agrupación Católica Universitaria (ACU). De los fundadores de los periódicos universitarios «Trinchera» y «Manicato». Miembro de la Federación Estudiantil Universitaria (FEU) al ganar las elecciones en la Escuela de Ciencias Sociales. Preso en 1960 cuando la protesta contra AnastaMikoyán. Expulsado de la Universidad en abril de 1960. Fue miembro fundador del Directorio Revolucionario Estudiantil (DRE). Desde 1965 se dedica a la distribución y edición de libros en español a través de su empresa, Librería, Distribuidora y Ediciones Universal. Ediciones Universal ha publicado más de 1600 libros en español, casi todos de temas cubanos. Reside en Miami, Florida, con su familia.

Sowers, Antonio
Antonio L. Sowers nació en La Habana en 1942. Cursó la primera enseñanza en el Colegio del Apostolado en el Vedado y la segunda enseñanza en el Colegio de Belén. Estudiaba Ciencias Sociales en la Universidad de Villanueva hasta su cierre en 1960. Continuó sus estudios en el Florida Junior College, obtuvo la Licenciatura en Computer Science en University of Florida y el Master en Teología en Barry University. Presidente de la Congregación Mariana en 1959-1960 y Aspirante a Congregante en la ACU. Miembro del Directorio Revolucionario Estudiantil (DRE). Detenido en mayo de 1962, juzgado en la causa del DRE #300 de 1963, condenado a 20 años y excarcelado en 1977. En Miami ha desempeñado varias actividades, especialmente como Director Administrativo del SEPI Book Service (Southeast Pastoral Institute) por 21 años participando en la misión evangelizadora de dicha institución y en la distribución de materiales de formación. Reside en Miami, Florida y está retirado.

Subirá, Fray Salvador E.
Fray Salvador E. Subirá, OFM (1938). Estudió en Belén. Congregante de la ACU. Conspiró con el Movimiento de Recuperación Revolucionaria (MRR) en la Coordinación Nacional de Inteligencia. Preso cuando la invasión de Girón. Condenado a 20 años (5 y medio en Isla de Pinos). Salió al exilio en 1979. Arquitecto licenciado en Florida. Fundador del ExClub y el Task Force para presos del Mariel. Presidente de la Coordinadora Social Demócrata de Cuba. Varios libros de ensayo, historia, poesía, documentos políticos y artículos. En 2008 se hizo religioso franciscano.

Villegas, Agustín
Agustín Villegas nació en Jesús del Monte, La Habana, Cuba, en 1947. Durante sus primeros estudios, es expulsado del instituto por su vinculación a la Iglesia Católica y su tendencia democrática contra el régimen castrista. En 1960, como miembro del Directorio Revolucionario Estudiantil (D.R.E.), participa y es detenido durante la

protesta contra Anastas Mikoyán en el Parque Central. En septiembre de 1960, vuelve a ser detenido por su participación en los festejos y homenaje a la Virgen de la Caridad del Cobre y por repartir propaganda del movimiento 30 de noviembre. Lo trasladaron al G-2 en Quinta Avenida y 14 calle en Miramar. Se traslada a los Estados Unidos en 1962, donde se reintegra a su actividad en la sección de propaganda del D.R.E. Colabora con el Movimiento Demócrata Cristiano y el Movimiento de Recuperación Revolucionaria (M.R.R.). Graduado de Pre-Leyes en Miami-Dade County College y de Estudios Religiosos y de Filosofía en la Florida International University en Miami. Ha alcanzado varios premios por sus trabajos sobre José Martí y sobre los mártires católicos cubanos muertos en la lucha por la libertad de Cuba. Es Miembro de Honor de la Brigada 2506 y de la Agrupación Católica Universitaria (ACU).

www.ingramcontent.com/pod-product-compliance
Ingram Content Group UK Ltd.
Pitfield, Milton Keynes, MK11 3LW, UK
UKHW041953230426
12048UKWH00008B/316